당당하게 말하는 내 아이를 위한 고수의 비법

우 리 아이 만들기

엄마표
키즈
스피치

KB091522

우리 아이 리더 만들기

엄마표 키즈스피치

개정1판1쇄 발행일 2019년 06월 20일
개정1판1쇄 인쇄일 2019년 05월 20일
초 판 인 쇄 일 2016년 03월 04일

발 행 인 박영일
책 임 편 집 이해욱
지 은 이 이지은

편 집 진 행 박소정
표 지 디 자 인 김도연
본 문 디 자 인 신해니, 임옥경

발 행 처 시대인
공 급 처 (주)시대고시기획
출 판 등 록 제 10-1521호
주 소 서울시 마포구 큰우물로 75(도화동 538) 성지 B/D 9F
전 화 1600-3600
팩 스 02-701-8823
홈 페 이 지 www.sidaegosi.com

I S B N 979-11-254-5875-3

정 가 13,000원

"네, 축하합니다! 오늘 대상을 받은 친구와 이야기를 나누어보도록 하겠습니다. 우리 친구는 고운 목소리로 많은 사람들에게 감동을 주어서 큰 상을 받았는데요. 지금 기분이 어떤가요?"

"음……. 어……. 그러니까……. 그냥 좋아요."

KBS '열려라 동요세상' MC로 활동했었을 때 자주 있었던 일입니다. 무대 아래에서 야무지게 이야기하며 장난치던 아이의 모습이 무대 위에서는 온데간데없이 사라졌습니다. 물론 눈이 부실만큼 밝은 조명도 있고, 카메라와 많은 방청객들이 바라보고 있으니 떨리는 것은 당연하겠죠. 하지만 그렇게 대충 대답하고 내려오는 아이는 더없이 속상해 보였습니다. 스스로 자책하기도 하고, 무대 뒤에서 엄마에게 핀잔을 듣는 친구도 있었습니다.

그런 친구들에게 어떤 도움을 줄 수 있을까 고민하던 중 몇몇 참가자들에게 인터뷰 스피치를 가르칠 기회가 있었습니다. 스피치 교육의 결과는 만족스러웠습니다. 아이들은 정확한 발음으로 기쁜 감정을 전달하고, 누구와 이 기쁨을 나누고 싶은지, 또 연습할 때는 어떤 점이 가장 어려웠는지 막힘없이 이야기할 수 있게 되었어요.

벌써 15년이 다 된 이야기네요. 그때부터 SNV 교육연구소를 만들고 어린이 스피치 교육의 기틀을 다지기 시작했습니다. 그리고 '키즈스피치 마루지'라는 어린이 스피치 교육 브랜드를 설립하여 어린이들의 언어능력 발달을 위한 커리큘럼을 만들었습니다. 현재는 잠실 본원을 비롯하여 전국에 퍼져 있는 키즈스피치 마루지 교육센터에서 매일 수많은 아이들을 만나고 있습니다.

어떻게 이야기를 시작해야 할지 몰라 어려워하는 아이, 발표내용이 틀릴까봐 걱정하는 아이 등 키즈스피치 마루지에 찾아오는 아이들은 아주 다양한 고민을 지니고 있습니다. 그런 고민을 다양한 관점에서 접근하여 아이의 특성에 맞게 훈련하다보면 놀라운 변화가 나타나기 시작합니다. 발표를 두려워하던 아이들이 손을 들기 시작하고, 자신감이 없던 아이들이 씩씩하게 나서서 말을 하기 시작합니다. 우리 아이들의 스피치 자신감은 타고난 것이 아니라 길러지는 것이기 때문이죠.

어린이 스피치 훈련은 크게 세 가지로 나누어 생각할 수 있습니다.

- 누구 앞에서나 자신 있는 목소리를 만드는 보이스 훈련
- 논리적인 내용 구성을 위한 콘텐츠 훈련
- 풍부한 스피치를 도와주는 표현력 훈련

이 책에는 위 세 가지 기준으로 만든 어린이 스피치의 훈련기법을 자세히 실어 놓았습니다. 뿐만 아니라 스피치 대회, 반장선거 등 아이들의 학교생활에서 일어날 수 있는 스피치 상황에 대처하는 기술을 실제 사례를 통해 풀어 놓았습니다.

마지막으로 아이들의 자존감을 높이는 스피치 훈련에 대해서도 이야기했습니다. 엄마가 손쉽게 아이를 가르칠 수 있는 '엄마의 키즈스피치 교과서'라고 생각하면 좋을 것입니다.

혼자 잘나서 떠드는 스피치가 아닌, 상대를 이해하고 배려하는 스피치.
잘 말하기 위해서 먼저 듣고 생각하는 기술이 더 중요한 스피치.
내 아이 주위로 좋은 친구들이 많이 모여드는 행복한 리더의 스피치.

책에서 소개하는 다양한 훈련 방법을 통해 우리 아이들의 미래가 더 풍요로워지길 바랍니다.

키즈스피치 마루지 잠실점 원장실에서

성공한 삶을 사신 분들을 보면 공통적인 특징이 있습니다. 주변 사람들과의 소통능력이 뛰어나다는 점입니다. 잘 듣고, 또 자신의 생각을 잘 표현하다 보니 주변에 좋은 사람들이 모이고, 이들의 도움으로 성공적인 삶의 꽃을 피웁니다. 그렇다면 주변에 좋은 사람들을 둘 수 있는 방법은 무엇이 있을까요? 현대 사회에서 가장 중요한 능력이라고 할 수 있는 말 잘하는 능력, 바로 스피치 기술일 것입니다. 상대와 소통하는 핵심 능력인 스피치 기술은 평생의 소중한 자산이 될 수 있습니다. 사회경험이 많은 사람이라도 상대를 설득하거나 진심을 표현하는 스피치 능력이 부족하면 성공적인 인생을 꾸려가기 어렵기 때문입니다. 이렇게 중요한 스피치 능력은 성인이 된 후에 급하게 준비한다고 해결되지 않습니다. 어릴 때부터 꾸준히 훈련하고 노력해가는 것이 중요한데요. 스피치 교육의 대표적 전문가이신 이지은 대표님께서 이번에 펴내신 책이 아이들에게 '성공 스피치'의 길을 안내하는 지침서가 될 것이라고 기대합니다. 미래사회를 이끌 예비 리더들의 스피치 필수 교과서. 이 책으로 시작하면 어떨까요?

– 머니투데이방송 최남수 전 대표

몇 해 전 딸의 대학 입시 면접이 끝나고 집으로 데려오던 때가 생각납니다. "면접 잘 봤어?"라는 제 말이 채 끝나기 무섭게 딸아이는 세상 무너진 듯 서럽게 울기 시작했습니다. 면접이 생각 같지 않았던 겁니다. 저는 천성이 무대에 서고 사람들을 이끌고 나가는 기질이 강한 사람이라, 스무 살이 되도록 남들 앞에서 자기 의견을 또박또박 말하지 못하는 딸이 너무 안타까웠습니다. 엄마의 기대를 누구보다 잘 아는 그 아이는 또 얼마나 속이 상했을까요. 욕심만큼 용기가 나지 않고, 마음만큼 말이 나와 주지 않는 모든 상황들이 또 얼마나 분했을까요.

우리는 누구나 '재능'이라고 부르는 그릇을 하나씩 들고 태어납니다. 어른이 되어 그릇이 굳기 전 아직 말랑말랑한 상태일 때 더 크고 넓게 만들어 주는 것이 바로 어른들의 역할이 아닐까 싶습니다. 딸의 그릇이 굳어지기 전에 마루지가 있었더라면 훨씬 깊고 큰 그릇으로 빚을 수 있었겠지요. 아이의 그릇에 더 높게 쌓아 올릴 방법을 고민하고 있지는 않았겠지요. 속상하고 미안하고 안타까운 순간들이 지금보다 훨씬 적었겠지요. 부럽습니다. 아직 굳지 않은 그릇을 키우는 이 시대의 어머니들을 질투하는 마음만큼 이 책을 추천합니다.

– NHN Ent. 진은숙 이사

저 역시 키즈스피치 코칭 전문가이기에 이 책은 놀라울 따름입니다. 어린이 스피치 교육을 하며 아이들과 함께 보고 느끼고 들었던 모든 현장의 소리가 다 담겨있기 때문이지요. 엄마의 선택과 결정, 기다림과 노력이 아이의 자신감을 만듭니다. 그 길로 향하는 방향과 방법이 궁금하다면 지금 바로 이 책을 손에 드세요.

말을 배움에 있어 첫 스승은 엄마입니다. 그리고 우리 아이에 대해 가장 잘 알고 늘 가까이에 있는 사람도 엄마입니다. 엄마 스스로 우리 아이를 위해 최고의 스피치 쌤이 될 수 있는 방법이 여기에 있네요. 망설이지 말고 지금 바로 이지은 고수의 스피치 비법을 펼치세요.

– 키즈스피치 마루지 강서점 서윤다 원장

학부모 참여수업 때 다른 아이들은 손도 잘 들고 발표도 잘하는데 우리 아이만 개미처럼 작은 목소리로 말하거나 아예 손을 안 드는 모습을 보여 속상하셨던 경험 혹시 있으신가요?

이 책은 남들의 시선이 쏠리는 것이 부담스러워 발표를 두려워하는 아이, 자신이 없어 막상 본인 차례가 되면 긴장하는 아이, 조리 있게 말하는 것이 힘든 아이를 위해 자신 있게 자기의 생각을 논리적으로 표현하는 법, 풍부한 어휘로 청중의 귀를 사로잡는 법, 말로 주변 친구들에게 영향력을 미칠 수 있는 법을 자세히 알려주고 있습니다.

이지은 대표님의 책은 오랜 시간 아이를 사랑하는 엄마의 마음으로, 오랜 기간 키즈스피치를 연구하며 쌓은 노하우를 총망라해 놓은 키즈스피치 교육의 진수를 보여주는 책이라 할 수 있습니다. 자신감 있는 모습으로 발표하는 아이의 모습을 원하신다면 단연 이지은 대표님의 책을 추천합니다.

– 키즈스피치 마루지 중계점 김영숙 원장

심리학자 앨버트 반두라는 자기효능감이란 '어떤 상황에서 적절한 행동을 할 수 있다는 신념과 믿음'을 의미한다고 했습니다. 자기효능감이 여러 가지 상황에서 상당히 유리한 '내적 비밀무기'로 작용한다는 것에 대해서는 두말할 필요가 없습니다. 높은 자기효능감은 일의 성패를 좌우하는 것뿐 아니라 긍정적인 셀프이미지를 형성하는 데 큰 도움이 되지요. 그렇다면 어떻게 해야 자기효능감을 높일 수 있을까요? 스피치기법과 자기효능감과의 관계는 많은 연구 및 논문에서 증명하고 있습니다. 아이들이 할 수 없다고 생각했던 것에서 벗어나 '할 수 있다'라는 자신감을 갖는 순간 자기효능감은 높아집니다. 마찬가지로 스피치능력도 교육을 통해 충분히 길러질 수 있는 것이고 높아질 수 있습니다. 내 아이의 스피치교육을 도와주고 싶은데 방법을 모르시는 분들! 키즈스피치 교육의 선두주자인 이지은 대표님의 노하우가 담긴 이 책으로 시작해 보세요. 심리학전공자로서 아이들을 가르치는 교사로서 마지막으로 두 아이의 엄마로서, 지금 이 시대의 아이들에게 높은 자기효능감을 선물해주고자 이 책을 추천합니다.

— 키즈스피치 마루지 성북점 김동은 원장

언제 어디서든 누구 앞에서든 배려 깊고 당당하게 내 생각과 내 마음을 표현할 수 있다면 얼마나 행복한 삶을 살 수 있을까요? 그런데 말하기 능력은 어느 날 갑자기 갖출 수 있는 것이 아닙니다. 어려서부터 꼼꼼하게 다져온 스피치 교육은 한 아이의 인생을 다르게 만들 수 있습니다. 하지만 올바른 지침서가 없어서 많은 학부모들이 쉽게 시도하지 못하고 있었습니다. 아이와 엄마를 성장시키는 키즈스피치 지침서가 간절히 필요한 시기에 때맞춰 출간된 이지은 대표의 책이 더없이 반갑게 느껴집니다. 대한민국 넘버원 키즈스피치 학원인 마루지 이지은 대표원장의 노하우를 한 권의 책으로 배울 수 있는 소중한 기회! 아이를 사랑하는 마음이 준비되었다면 이 책을 펴 보세요. 엄마의 손길로 아이들이 더 많이 자라날 수 있을 것입니다. 물론 모든 엄마들이 전문가가 아니기에 완벽한 코칭을 할 수는 없지만 아이를 응원하는 마음은 완벽하지 않을까요? 엄마들 뒤에는 키즈스피치 마루지가 있으니 걱정하지 마시고 아이와 함께 이 한 권의 책으로 즐거운 시간을 보내 보세요. 많은 부모님들에게 훌륭한 길잡이가 될 것이라 확신합니다.

— 키즈스피치 마루지 해운대점 류서정원장

"너도 말 할 수 있어?"

제가 초등학교 때 친구들에게 항상 들었던 말입니다. 소심하고 내성적이었던 저는 같은 반 친구들과도 그리 많은 말을 하지 않던 아이였습니다. 이런 제가 10년이 넘게 방송을 하고, 지금은 스피치 학원 원장이 되어 있네요. 저는 이 모든 과정이 갑작스런 변화가 아니라, 부단한 노력의 결과라고 자신 있게 말씀드릴 수 있습니다. 말주변도 없고, 수줍음도 많은 아이였지만 TV 속 아나운서를 보며 막연히 '저렇게 되고 싶다'라고 생각했거든요. 새벽까지 잠 못 들고 이 생각, 저 생각에 이불을 수없이 차면서도 '적극적인 아이'가 되려고 부끄러움을 무릅쓴 저의 유년기는 '두려움'과 '도전'이라는 두 단어로 설명할 수 있습니다.

이 책을 펼치면서 진작 이런 책이 있었더라면 제 유년기를 조금 다른 단어로 설명할 수 있지 않았을까하는 아쉬움이 듭니다. 어릴 적의 저처럼 입을 떼기 어려워하는 아이들에게, 그리고 부모님들에게 자신 있게 이 책을 권합니다. 아이의 인생에 가장 크고 값진 선물이 될 것입니다.

– 키즈스피치마루지 청라센터 박은정 원장

직업상 어린이들과 학부모님을 만나는 기회가 많다보니 자연스레 아이들의 다양한 고민과 어려움을 접하게 되는데요. 최근 들어 자기표현을 잘 하지 못하는 아이들이 많아졌습니다. 더불어 학부모님들의 고민도 많아졌죠. "우리 아이가 이상하게 말을 해요", "어릴 때는 안 그런 것 같았는데 커갈수록 남들 앞에서 말을 못해요", "공개수업에 가보니 우리아이만 발표를 못했어요", "친구들과 놀지 않아요"하며 걱정하시는 엄마들에게 이야기합니다.

우리 아이는 아직 모르고 있는 것들이 너무나도 많고 하나씩 배워가고 있는 중이라고요. 엄마의 감정이 곧 우리 아이의 감정이고 엄마의 습관이 곧 우리 아이의 습관입니다. 최고의 선생님은 엄마라고 하죠. 어린이 스피치의 명품교육기관 키즈스피치 마루지 대표 원장님의 노하우가 가득 담겨있어 여러분을 최고의 스피치 선생님으로 만들어 드릴 이 책은 우리 아이를 리더로 만들 수 있는 최고의 지침서라고 추천합니다.

– 키즈스피치 마루지 대전센터 김경옥 원장

PART

1

발달 단계에 따른 아이의
언어 활용 수준을 체크해 보세요.

아이 발달 단계에 따른 언어 활용 수준 체크

아이를 키우면서 아이의 발달 과정을 함께 겪어나가는 일은 참으로 경이로운 일입니다. 물론 밤낮으로 전투적인 육아를 하다 보면 수면 부족과 피곤함 때문에 세세한 감동을 느끼지 못할 때도 있지만 잠들어 있는 아이의 모습을 보고 있으면 또다시 벅찬 감동을 느끼게 되지요. 아이의 언어 발달도 아이의 성장에 따라 다양한 모습으로 나타납니다. '엄마, 맘마'밖에 모르던 아이가 제법 완성된 문장을 구사하기도 하고 친구들과 대화를 이끌어가는 모습을 보면 대견하다는 생각을 하게 됩니다. 때때로 또래보다 말수가 적거나 발음이 부정확한 아이를 둔 부모님들은 우리 아이의 언어가 잘 발달하고 있는지, 조금 느린 건 아닌지 걱정하는 경우가 많은데요. 아이들마다 조금씩 개인차가 있다는 것은 이해하셔야 합니다. 단, 특정 시기에 활용해야 하는 기초 언어가 많이 누락되고 그로 인해 사회생활에 지장을 받는다면 아이의 언어발달을 세심히 체크해 보아야 할 것입니다.

아이의 언어발달은 인지발달, 정서발달, 사회성 발달과 밀접한 관계를 갖고 있습니다. 따라서 언어발달을 체크할 때 아이가 말하는 것만 보고 단순하게 판단할 수는 없으며 아이가 처한 환경이나 감정상태, 가정환경 등을 미리 고려해야 합니다. 예를 들어 호흡이나 발성, 발음 등 스피치 스킬 부분에서는 전혀 문제가 없던 아이가 또래 대화 속에서는 급격히 자신이 없어지고 더듬는 증상까지 나타난다면 감정 상태나 또래 긴장도 부분을 다각적으로 체크해 보아야 할 것입니다.

1 언어발달에 영향을 주는 요인

일반적으로 언어발달에 영향을 주는 요인은 다음과 같습니다.

① 선천적으로 타고난 기질적 요인
② 후천적 환경요인으로 인한 언어자극의 수준
③ 양육자의 정서 상태에 따른 언어자극의 수준
④ 또래사회 활동에서 얻은 부정적 · 긍정적 측면 강화
⑤ 특수한 장애 등에 의한 언어능력의 문제

첫 번째, 선천적으로 타고난 기질로 보면 첫째 아이보다는 둘째 아이가 말이 빠르고 다양한 어휘를 구사합니다. 또 여자아이가 남자아이보다 생활 속 언어를 쉽게 습득하고 바로 활용합니다. 아들을 키울 때는 "윙~ 피슉! 꽝!" 세 단어로 한 시간을 놀아주어도 아이가 지루해 하지 않지만, 딸을 키울 때는 시장놀이, 학교놀이, 병원놀이 등 커뮤니케이션이 일어날 수 있는 다양한 역할 놀이가 주를 이루게 되고 놀이 안에서도 정성스럽게 응대하지 않으면 "엄마! 환자가 뭐 그래? 어디가 어떻게 아프다고 말해야지 내가 치료해 주잖아!"하며 서운함을 표현하기도 합니다.

두 번째, 후천적 환경요인으로 살펴보면 엄마 아빠가 맞벌이 부부여서 조부모에게 육아를 맡긴 경우에는 조부모의 특성에 따라 아이의 언어능력이 달라질 수 있습니다.

무조건적으로 아이를 위해 모든 요구사항을 들어주는 대화를 하는 조부모라면 아이의 언어 발달이 다소 늦거나 타인에게 주장하는 언어가 약화될 수 있습니다. 냉장고 앞에서 우물쭈물거리는 아이에게 할머니가 달려와서 "우리 강아지~ 목마르구먼! 할머니가 물 줄게"하고 아이의 마음을 대신 표현해 주는 방식이 반복된다면 아이 입장에서는 애써서 말을 하지 않아도 모든 것이 해결되기 때문입니다.

세 번째, 양육자의 정서상태는 아이의 언어발달과 밀접한 관련이 있습니다. 양육자의 정서상태가 안정적이면 아이의 정서도 안정되기 때문에 인지발달도 수월해지고 언어능력도 많이 발달할 수 있습니다. 그러나 반대의 경우, 아이는 양육자의 눈치를 보며 자신의 감정을 숨기게 되고 언어발달이 더뎌지는 것입니다. 특히 엄마와 아빠의 사이가 좋지 않은 모습을 많이 보면서 자란 아이의 경우에는 공격성이 생기거나 심한 우울증으로 언어발달이 제한되기도 합니다. 또 자신의 감정을 부모에게 인정받지 못하고 무시당했던 아이들은 감정을 표현하지 않게 되고, 감정을 드러내는 것을 창피해하거나 자존심 상하는 일이라고 생각합니다. 그러다 보면 상대의 감정도 인정하지 않게 되고 동정심, 배려심, 이타심 등이 발달하지 않습니다.

네 번째, 또래 사회에서 경험할 수 있는 다양한 사회 활동도 아이의 언어발달에 큰 영향을 미칠 수 있습니다. 친구들에게 말을 잘한다고 인정받는 아이는 말할 기회가 더 많아지고, 이를 통해 얻은 성취감은 자신감과 자존감을 높여주는 역할을 합니다. 반대로 아이가 말할 때마다 친구들이 무시했거나 따돌림을 받았다면 아이는 말에 대한 자신감이 없어지고 무슨 말을 하더라도 친구들이 무시할 것 같다는 두려움 때문에 입을 닫아버릴 수 있습니다.

다섯 번째, 특수한 장애가 있는 경우에도 언어능력에 영향을 미칩니다. 정신적인 문제, 청각 장애, 학습 장애, 틱 장애 등 언어와 연관된 여러 가지 장애로 발달이 지연될 수 있습니다. 대표적인 언어장애로는 표현성 언어장애(이해력은 좋은데 말로 표현하는 것이 부자연스러움), 발음장애(연령에 따라 말소리가 구분되지 않음), 말더듬(첫 소리를 반복하거나 길게 늘여서 함), 혼재된 수용–표현 언어장애(자신이 좋아하는 것만 집중하여 일상적인 대화가 불가능함) 등으로 나눌 수 있습니다.

위와 같이 아이의 언어발달에 영향을 주는 요인들은 생각보다 복잡하게 존재합니다. 따라서 엄마나 주 양육자는 다양한 언어발달 요인을 고려하여 아이의 발달 수준을 지속적으로 체크하여야 합니다. 하지만 정확한 지표가 없다면 엄마는 아이를 계속해서 다른 아이와 비교하면서 불안해질 수 있겠지요. 이 책에는 엄마와 아이가 함께 언어발달을 체크해 볼 수 있도록 진단표와 질의 응답지를 실어 놓았고, 6~7세 유아기, 초등학교 1~2학년, 3~4학년, 5~6학년 학령기로 구분해 놓았습니다. 만약 아이가 언어력이 월등히 높거나 낮다면 마루지 센터를 통해 세부적인 테스트를 받아보시는 것을 권유합니다.

2 유아기·학령기 아이의 언어발달 과정

진단을 하기 앞서 유아기와 학령기 아이들의 일반적인 언어발달 과정을 살펴보도록 하겠습니다. 먼저 영아와 유아기의 언어발달은 5단계로 구분할 수 있습니다.

▶ 1단계 : 언어 이전기
언어 이전기(12개월 전)의 아이들은 입 안 뒤쪽에서 나오는 소리 '으, 어~' 등과 '빠빠빠' 등 입술을 부딪히는 소리를 내는 것 정도만 가능합니다.

▶ 2단계 : 첫 낱말기

첫 낱말기(1~2세)의 아이들은 50개 정도의 낱말을 습득할 수 있고 상황과 연결하여 그 낱말을 일관되게 표현할 수 있습니다. 그리고 대화할 때는 두 손을 모으며 '주세요' 등으로 부탁하거나 이름을 부르면 대답하기 등을 수행할 수 있습니다.

▶ 3단계 : 낱말 조합기

낱말 조합기(3세)의 아이들은 스스로 50여 개의 낱말을 생각하여 말할 수 있습니다. 또는 그 이상의 낱말을 받아들이기 시작하며 성장해 나가면서 알아듣는 단어는 900개에 달합니다. 그러나 이 시기의 아이들은 대화할 때 아직 상대방의 말에 제대로 반응하지 못하기 때문에 두세 개의 임무를 한꺼번에 수행하기는 어렵습니다.

▶ 4단계 : 초기 문법기

초기 문법기(4세) 아이들은 시옷(ㅅ) 발음과 리을(ㄹ) 발음이 완전하지는 않지만 비슷하게 따라 하는 시기입니다. 말이 늘어나면서 조사를 아무 데나 붙여 말하는 모습을 보이기도 합니다. 예를 들어 '손이가 아파', '밥이가 맛있어요' 등이 있습니다. 대화에 더 능숙해지고 물어보는 말에 대답하는 것도 점점 자연스러워집니다.

▶ 5단계 : 초기 문법 세련기

초기 문법 세련기(5세)의 아이들은 2,500개 정도의 단어를 알아듣고, 모든 단어를 적극적으로 활용하지는 못하지만 의미를 파악할 수 있습니다. 발음도 비교적 안정화에 접어들어 대부분 알아들을 수 있게 말을 합니다. 단, 시옷(ㅅ)이나 리을(ㄹ) 등의 자음은 아직 미완성이어서 선생님을 '션생님'이나 '텬탱님'으로 발음하는 아이들도 있습니다. 대화를 할 때에는 자기중심적 의사소통에서 벗어나 의미가 담긴 이야기를 나눌 수 있게 됩니다.

영유아기의 정상적인 언어발달을 거친 아이들은 학교에 갈 연령에 다가갈수록 다양한 경험과 지식을 얻으면서 복잡하고 세밀한 언어발달을 하게 됩니다. 6~7세 시기에는 자신의 상황을 설명하거나 바라는 바를 요구하는 기술이 점점 늘어나 정확한 발음을 구사할 수 있게 됩니다. 그리고 초등학교에 들어가서 지속적으로 언어능력이 발달하게 되는데 개개인의 차이는 있지만 대체적으로 논리력과 창의력, 설득력과 함께 언어발달이 이루어지게 됩니다.

키즈스피치 마루지의 상담표와 7년간의 상담 임상 결과를 토대로 하여 아동의 언어 발달 지표를 나타내면 다음과 같습니다.

구분	비언어적			언어적		
	인사	시선&자세	경청	어휘력·문장력	논리력	목소리
6세	수동적 행동, 수동적 인사말	짧은 시간 바른 시선과 자세로 수업함	관심 있는 것만 경청함	기초어휘, 단순문장	단순설명	단순한 목소리 연출
7세	수동적 행동, 능동적 인사말	요구에 따라 바른 시선과 자세로 수업함	지시하는 것을 경청함	생활어휘, 연결문장	주장가능	3단계 크기 목소리 연출
초등 1~2 학년	자발적 행동, 자발적 인사말	20분가량 바른 시선과 자세로 수업함	강조하는 것을 경청함	필수어휘, 복합문장	주장·예시 가능	5단계 크기 목소리 연출
초등 3~4 학년	적극적 행동, 적극적 인사말	40분가량 바른 시선과 자세로 수업함	의미를 파악 하며 경청함	중급어휘, 복합문장	주장·가설 가능	경험적 목소리 연출
초등 5~6 학년	사회적 행동, 사회적 인사말	60분가량 바른 시선과 자세로 수업함	경험·관계 ·논리 등 종합적으로 경청함	고급·추상 어휘, 복합 문장	주장·설득 가능	강조, 설득 목소리 연출

언어 활용은 크게 비언어적 커뮤니케이션과 언어적 커뮤니케이션 활용능력으로 나눌 수 있습니다. 비언어적 커뮤니케이션은 인사, 시선·자세, 경청 등으로 구성되어 있고, 언어적 커뮤니케이션은 어휘력, 문장력, 논리력으로 구성되어 있습니다.

6~7세 유아의 경우, 비언어적 커뮤니케이션의 요소를 수동적으로 표현합니다. 선생님이나 어른을 만났을 때, 엄마가 "안녕하세요? 해야지!"하며 머리를 억지로 숙이게 하면 마지못해 따라 하면서 "안녕하세요?"하고 반응합니다. 유치원이나 어린이집에서도 자유롭게 돌아다니면서 탐색하고 놀이하는 것을 좋아합니다. 한 자리에 억지로 앉아 있으면 곧 힘들어하거나 자리를 박차고 일어나 돌아다닙니다.

6~7세의 언어발달은 가히 폭발적이라고 할 수 있는데요. 10,000개의 단어를 활용하여 이전보다 활발한 언어활동을 합니다. 하지만 아직은 기초적인 단어들로 이루어진 단순한 형태의 문장으로 말합니다. 보통 한 문장에 4~6개의 단어를 사용해서 이야기를 만들어 내고, 이때 문장의 형태는 단순한 일반 문장입니다.

6~7세의 목소리는 보통 약하고 가늘게 나옵니다. 물론 울거나 화를 낼 때는 큰 소리를 지를 수 있지만 발표하거나 질문에 대답할 때는 작아지는 것이 대부분입니다. 6~7세는 유아의 스피치에서 아동의 스피치로 변화하는 시기이기 때문에 목소리도 변화하여야 합니다. 작은 목소리와 큰 목소리를 구분하여 낼 수 있어야 하고 생활 속에서 활용해야 합니다.

목소리	자기소개를 해 보아요.
진단	안녕하세요. 저는 ooo입니다. 만나서 반갑습니다.
평가 기준	또렷한 발음이 들리고 큰 소리로 말해야 합니다.

어휘	다음을 연결해 보아요.
진단	겨울은 · · 추워요 아이스크림은 · · 새콤해요 레몬은 · · 차가워요 불은 · · 사나워요 사자는 · · 뜨거워요
평가 기준	– 엄마가 읽어 주고 아이가 서술어를 알맞게 연결하여 말하는지 체크합니다. – 5개 문항 중에서 5개 모든 문항을 맞추어야 합니다.

논리

그림을 보고 어떤 상황인지 말해 보아요.

진단

평가 기준

– 주어와 서술어 등을 포함하는 문장 형태로 말해야 합니다.
– 문장에 무엇을 하고 있는 상황인지에 대한 핵심이 있어야 합니다.

목소리	자기소개를 해 보아요.
진단	안녕하세요. 저는 ㅇㅇㅇ입니다. 저는 동물 중에서 ㅇㅇㅇ을 좋아합니다. 왜냐하면 ㅇㅇㅇ하기 때문입니다. 감사합니다.
평가 기준	– 또렷한 발음으로 들리고 큰소리로 말해야 합니다. – 좋아하는 동물과 이유를 분명하게 말해야 합니다.

어휘	다음을 연결해 보아요.
진단	하늘이 · · 분다 노래를 · · 부른다 바람이 · · 울린다 전화벨이 · · 짖는다 강아지가 · · 푸르다 비가 · · 푼다 코를 · · 내린다
평가 기준	– 엄마가 읽어주면 서술어를 연결하여 말하게 합니다. – 글자를 읽을 수 있는 아이는 스스로 연결하며 말합니다. – 7개 문항 중에서 5개 이상의 문항을 맞추어야 합니다.

그림을 보고 어떤 상황인지 말해 보아요.

진단

평가 기준

– 주어와 서술어 등을 포함하는 문장 형태로 말해야 합니다.
– 문장에 무엇을 하고 있는 상황인지에 대한 핵심이 있어야 합니다.

초등학교에 입학한 아이들은 1학년 초반에는 약간의 퇴행 현상을 보이기도 합니다. 유치원에 다닐 때보다 학급 친구들도 많고 지켜야 할 규범도 많아져서 긴장을 하기 때문입니다. 또 선생님도 보육이 아닌 교육을 강조하기 때문에 아이들 입장에서 '무서운 곳'이라는 인식이 생길 수 있습니다. 그러다 보면 심리적으로 위축되어 갑자기 말을 하지 않거나 눈치를 보기도 합니다. 그러나 정상적인 경우라면 입학 후 1~2개월이 지나면 해결되는 문제입니다. 그 이후 다음과 같은 기준으로 진단해보면 이 시기의 언어발달 정도를 가늠해 볼 수 있습니다.

▶ 초등학교 1~2학년

목소리	다음을 읽어 보아요.
진단	우리나라의 날씨는 계절에 따라 많은 변화가 있습니다. 겨울에는 아주 춥고 눈이 내리고, 여름에는 매우 덥고 비가 많이 내립니다. 봄가을에는 춥지도 덥지도 않은 날씨가 이어집니다. 그래서 계절에 따라 옷을 다르게 입어야 합니다.
평가 기준	– 입술 모양이 분명하게 만들어져야 합니다. – 계절 등을 읽을 때, 정확하게 발음해야 합니다. – 의미에 따라 목소리를 크게 내는 부분이 있어야 합니다.

어휘	다음의 빈 칸에 알맞은 낱말을 말해 보아요.
진단	[반대말]　　　　　　　　　　　[비슷한 말] ① 형　– (　　　　　)　　　① 아우 – (　　　　　) ② 좁다 – (　　　　　)　　　② 짐승 – (　　　　　) ③ 질문 – (　　　　　)　　　③ 성함 – (　　　　　)
평가 기준	– 6개 문항 중에서 3개 문항을 스스로 말할 수 있는지 체크해 주세요.

논리

	그림을 보고 어떤 상황인지 말해 보아요.
진단	
평가 기준	– 주어와 서술어 등을 포함하는 문장 형태로 말해야 합니다. – 문장에 무엇을 하고 있는 상황인지에 대한 핵심이 있어야 합니다. – 놀이나 사물의 정확한 명칭을 말할 수 있어야 합니다. – 세 문장 이상으로 설명할 수 있어야 합니다.

초등 3~4학년은 언어능력이 한층 성숙해지는 시기입니다. 경험이나 책을 통해서 어휘력도 좋아지고 다양한 형태의 문장을 만들어 이야기하는 것이 가능해지는 시기입니다. 또한 결과를 보고 과정을 유추해 내는 능력도 상당히 발전하므로, 가설을 세우고 그것을 증명해내기 위해 필요한 것을 설명하는 형태의 이야기도 가능합니다. 예를 들어 "엄마, 크리스마스 때 제가 원하는 장난감을 사주지 않으시면 아마 제가 공부에 흥미를 잃어버릴지도 몰라요. 왜냐하면 공부할 때마다 그 장난감이 생각나고 다른 아이들이 갖고 있는 것을 계속 부러워하게 되니까요. 아마 제 머릿속에는 장난감에 대한 생각만 가득 할 거예요"라는 협박 아닌 협박도 가능한 수준으로 발달합니다.

▶ 초등학교 3~4학년

목소리	다음을 읽어 보아요.
진단	안용복은 조선의 평범한 어부였다. 어느 날, 그는 울릉도로 고기잡이를 나갔다가 우리나라의 허락을 받지 않고 고기잡이를 하는 일본 어선을 발견하였다. 그는 일본 어민들에게 "울릉도와 독도는 조선의 영토이므로 울릉도와 독도에 침입하는 것은 법에 어긋나는 것이오!"라고 항의하였다. 그러자 일본 어민들은 그를 일본으로 잡아갔다. 일본에서도 안용복은 울릉도와 독도는 조선의 땅이라고 강하게 말하였다. 처음에는 울릉도와 독도가 일본의 땅이라고 주장하던 일본 정부도 안용복의 설득으로 울릉도와 독도가 조선의 땅임을 분명히 밝히는 문서를 써 주었다. 그의 노력은 조선이 울릉도와 독도를 지키는 데 큰 도움이 되었다. － 4학년 국어 교과서 중 －
평가 기준	－ 입술 모양이 분명하게 만들어져야 합니다. － '안용복', '울릉도', '설득' 등을 읽을 때, 정확한 발음으로 말해야 합니다. － 의미에 따라 목소리를 크게 내는 부분이 있어야 합니다. － 큰 따옴표 안의 내용은 실감나는 목소리로 읽어야 합니다.

어휘	다음의 빈 칸에 알맞은 낱말을 말해 보아요.
진단	[반대말]　　　　　　　　　　　　　[비슷한 말] ① 슬기롭다 – (　　　　　)　　　① 산울림　 – (　　　　　) ② 한복판　 – (　　　　　)　　　② 비슷하다 – (　　　　　) ③ 넘치다　 – (　　　　　)　　　③ 짐작　　 – (　　　　　)
평가 기준	– 6개 문항 중에서 3개 문항을 스스로 말할 수 있는지 체크해 주세요.

논리	그림을 보고 어떤 상황인지 말해 보아요.
진단	
평가 기준	– 주어와 서술어 등을 포함하는 문장 형태로 말해야 합니다. – 질문에 대한 핵심을 생각하여 대답할 수 있어야 합니다. – 놀이나 사물의 정확한 명칭을 말할 수 있어야 합니다. – 세 문장 이상으로 설명할 수 있어야 합니다. – 접속부사를 자연스럽게 사용할 수 있어야 합니다.

초등 5~6학년의 아이들은 두 가지 모습을 보일 수 있습니다. 지속적인 발전을 하는 경우와 사춘기로 인해 언어발달이 정체된 것처럼 보이는 경우입니다. 지속적인 발전을 하는 경우에는 어휘력이나 문장력이 상당한 수준으로 발전하게 됩니다. 일상생활용어뿐 아니라 경제, 정치, 문학, 상식 등의 분야에서 활용할 수 있는 전문 용어도 제법 많이 알게 되고 문장도 세련되게 구성할 줄 알게 됩니다. 물론 성인처럼 세련미가 넘치지는 않지만 고급스러운 표현을 하는 아이들도 있습니다. 그러나 이 시기에는 사춘기라는 커다란 장벽이 버티고 있습니다. 사춘기가 시작된 아이들은 시선을 피하고, 발표시간에는 절대 손을 들고 발표하려 하지 않습니다. 변성기 때문에 갈라지고 낮아진 자신의 목소리가 마음에 들지 않기 때문입니다. 또 선생님 앞에서 입을 벌리고 책을 읽는 것도 부담스러워 하다 보니 발음도 더 웅얼거리게 되고 문장력이 늘지 않게 되므로 이 시기를 언어발달의 암흑기라고도 합니다.

▶ 초등학교 5~6학년

목소리	
진단	다음을 읽어 보아요. 여러분의 시간은 한정되어 있습니다. 그러므로 다른 사람의 삶을 사느라고 시간을 허비하지 마십시오. 과거의 통념, 즉 다른 사람들이 생각한 결과에 맞춰 사는 함정에 빠지지 마십시오. 다른 사람들의 견해가 여러분 자신의 내면의 목소리를 가리는 소음이 되게 하지 마십시오. 그리고 가장 중요한 것은 당신의 마음과 직관을 따라가는 용기를 가지라는 것입니다. 당신이 진정으로 되고자 하는 것이 무엇인지 그들은 이미 알고 있을 것입니다. – 스티브 잡스의 연설 중 –
평가 기준	– 입술 모양이 분명하게 만들어져야 합니다. – 글의 특성에 맞게 목소리가 연출되어야 합니다. – '함정', '가장 중요한 것은', '용기' 등 중요단어에 힘을 주어 강하게 말할 수 있어야 합니다.

다음의 빈 칸에 알맞은 낱말을 말해 보아요.

진단

[반대말]	[비슷한 말]
① 비난 – ( )	① 가게 – ( )
② 야위다 – ( )	② 근심 – ( )
③ 방어 – ( )	③ 이따금 – ( )

평가 기준 　 – 6개 문항 중에서 3개 문항을 스스로 말할 수 있는지 체크해 주세요.

논리

그림을 보고 어떤 상황인지 말해 보아요.

진단

평가 기준
　– 주어와 서술어 등을 포함하는 문장 형태로 말해야 합니다.
　– 질문에 대한 핵심을 생각하여 대답할 수 있어야 합니다.
　– 다섯 문장 이상으로 설명할 수 있어야 합니다.
　– 접속부사를 자연스럽게 사용할 수 있어야 합니다.
　– 시간적 · 공간적 흐름에 맞게 순서대로 설명해야 합니다.

PART

2

아이와 함께 집에서
스피치 연습을 해 보세요.

" 집에서는 말을 잘하는 아이,
학교에서는 발표하라고 하면 입을 닫아요. "

CHAPTER

1

크고 예쁜 목소리로 또박또박 말하는
방법을 배워 볼까요?

'자신 있는 스피치'를 위한
고수의 비법

"집에서는 쉴 새 없이 말하는 우리 아이, 공개수업 때는 손도 안 들어요!
웅얼거리며 말을 하니 자신감도 없어 보이고
속이 터져서 못 보겠어요!
우리 아이 차례가 되어 말을 하더라도 목소리가 기어들어가서
무슨 말인지 하나도 안 들려요!"

많은 학부모가 새 학기에 학교 공개수업을 가서 수업을 받고 있는 우리 아이를 보면서 하게 되는 공통적인 생각입니다. '누굴 닮아 저러나, 나도 어릴 때 저 정도였나?'라는 생각이 들며 속이 부글부글 끓다가, 이내 '저렇게 해서 어떻게 이 험한 세상을 살아가려 하나?'하는 걱정도 됩니다. 그러다 '차라리 내가 할 수 있는 거라면 좋으련만…' 하는 안타까움에 연거푸 한숨만 나옵니다.

물론 모든 아이들이 다 발표를 잘할 수는 없습니다. 설령 잘하는 아이라 해도 학교 공개수업에서 두 눈 부릅뜨고 자신을 바라보고 있는 엄마의 존재를 알고 있는 이상, 노련하고 당당하게 발표를 하는 것은 어려운 일이지요.

손을 들려고 하다가도 '엄마가 나를 보고 실망하면 어쩌나, 내가 하는 말에 다른 친구들이 웃으면 어쩌나' 하는 걱정이 앞서 자꾸만 멈칫거리게 되는 것이 우리 아이들입니다. 사실 아이들뿐 아니라 어른들도 누군가의 앞에서 말을 한다는 것은 여간 힘든 일이 아닙니다.

정도의 차이가 있을 뿐이지 모든 사람들이 타인과 대화를 한다는 것에 조금씩은 부담을 갖고 있습니다. '내가 하는 말이 맞는 것일까? 사람들이 나를 받아들여 주지 않으면 어떡하지?' 등에 대한 두려움이 마음속에 자리 잡고 있지요. 그래도 대부분의 사람들은 관계를 맺고 목적을 달성하기 위해 대화를 시도합니다. 그러나 마음이 여린 친구들은 그 두려움을 쉽게 극복하지 못하는 경우가 많습니다. 그래서 익숙한 환경, 즉 집에서 가족과 이야기할 때는 자기주장이나 요구도 잘하는 친구들이 밖에 나오면 행동도 위축되고 말을 극도로 꺼리며 부모 뒤로 숨는 경우가 있습니다.

이런 특징을 보이는 아이들은 조심성이 많은 성향, 부모에 대한 의존도가 높은 성향, 부모가 다소 엄하게 통제하며 육아한 경우 등 여러 가지 환경적인 원인이 있습니다. 이런 아이들을 도와줄 수 있는 방법은 크게 심리적인 부분, 기술적인 부분 두 가지로 나누어 볼 수 있는데요. 심리적인 부분은 다음의 세 가지를 먼저 해결해 주면 아이를 안정시킬 수 있습니다.

첫째, 부모의 통제를 다소 완화하는 방법입니다.

"안 돼! 그만! 왜 이러니?"라는 말보다 "왜 그렇게 하려고 했어? 위험할 것 같은데? 다른 놀이는 없을까?" 등의 이야기로 아이의 기를 살려주세요.

둘째, 앞으로 일어날 상황에 대하여 사전에 설명해 줍니다.

"오늘 우리는 한자 학원에 가서 간단한 시험을 보고 점심때는 엄마 친구의 가족과 만나서 점심을 먹으려고 하는데 어떻게 생각해? 괜찮은 스케줄이지?"

"오늘 학교에서 오픈 수업 한다며? 학교에서 엄마랑 만나면 정말 반갑겠다. 그렇지? 오늘 아마 선생님께서 자기소개나 발표를 시키실 것 같아" 등 오늘의 상황에 대해 힌트를 주세요. 아이도 자신의 마음을 계획할 권리가 있답니다.

셋째, 예측 가능한 커뮤니케이션 상황을 말해 줍니다.

"한자 학원에 가면 선생님이 그동안 배웠던 한자를 써보라고 하실 것 같아. 그리고 다섯 개 정도 물어보시겠지? 아는 만큼 대답하면 돼"

"학교 오픈 수업 때 자기소개를 하라고 하면 뭐라고 말하면 좋을까? 이름하고 좋아하는 것, 그리고 취미도 말해볼까?" 등 예상할 수 있는 대화 상황에 대해 이야기 나누어 보는 것이 좋습니다. 엄마의 작은 도움으로 아이의 마음을 안정시킬 수 있습니다.

기술적인 부분은 목소리 스피치 훈련을 통해 해결할 수 있습니다. 스피치를 위한 좋은 목소리는 큰 목소리, 울림이 있는 목소리, 또박또박 말하는 목소리입니다. 이런 목소리를 만들기 위한 훈련 방법은 다음과 같습니다.

1 큰 목소리로 발표하고 싶은 아이

엄마 어렸을 때를 생각해 보세요. "이이는 사, 이사 팔, 이오 십, 이육 십이…" 친구들과 떼창을 하며 흔들흔들 구구단을 외웠을 때는 교실이 떠나갈 듯 큰 목소리로 악을 쓰다가 한 사람씩 나와서 선생님께 검사를 받아야 할 때는 목구멍이 막힌 듯 옹알이를 하고 들어왔던 기억이 있을 것입니다.

여러 사람이 나를 바라보고 있는 것만으로도 느껴지는 심장이 터질 것 같은 긴장감! 크게 말을 한다고는 하는데 내 귀로 들리는 건 가늘고 떨리는 목소리뿐이었을 것입니다. 엄마의 어린 시절에도 이렇듯 발표에 관한 '흑역사'가 있거늘, 아직 많은 경험이 부족한 우리 아이들은 오죽할까요? 제대로 발표하는 법을 가르쳐 주지도 않고 엄마 마음에 쏙 들게 발표하길 기대하는 것부터가 잘못이지요.

"발표할 때 목소리 좀 크게 해!"하며 윽박지르지 말고 어떻게 큰 목소리를 낼 수 있는지 안내해 주어야 우리 아이들이 차근차근 따라올 수 있습니다. 큰 목소리를 내기 위한 본격적인 훈련에 들어가기에 앞서, 발표 긴장감을 풀어주어 발표에 대한 기본기를 다져놓으면 좋습니다. 아이의 발표 긴장감을 풀어주기 위해 엄마가 미리 체크해 주어야 할 3단계 과정은 다음과 같습니다.

▶ 1단계 : 꼼꼼한 사전 준비

발표 긴장도가 높은 아이들은 내가 말하고자 하는 것이 100% 확실하지 않으면 자신감이 뚝 떨어집니다. 발표 준비가 미흡하다고 느끼는 순간, 몸도 마음도 작아지지요. 이런 성향의 아이들은 사전에 꼼꼼하게 준비하는 노력이 필요합니다.

▶ 2단계 : 복식호흡 활용하기

숨을 들이마실 때는 배가 나오고 숨을 내쉴 때는 배가 쏙 들어가는 복식호흡은 목소리의 체력을 키워주는 기본기 훈련입니다. 말을 위한 기본 체력이 없으면 화려한 기술도 아무 소용없지요. 배를 사용한 들숨과 날숨 훈련, 아이의 목소리를 위해 반드시 기억하세요.

▶ 3단계 : 반복된 연습

아무리 발표에 자신 있는 사람이라도 머릿속으로만 생각하면 실전에서 실수하기 마련입니다. 발표에 대한 원고가 있다면 가족 앞에서, 거울 앞에서 지속적으로 연습하는 것이 필요합니다. 카메라 촬영을 하고 직접 확인하는 것도 많은 도움이 될 것입니다. 위 과정을 기본으로 목소리를 크게 만드는 구체적인 훈련을 해 봅시다.

① 발표력을 키우는 실 감기 호흡

안녕하세요. 저는 OOO입니다. 저는 지난 주말, 우리 가족과…

숨을 크게 들이마시고 말을 시작했지만 금세 숨이 다 **빠져버리고** 목소리가 기어들어가는 친구들이 있습니다. 호흡은 말을 잘하기 위한 기본 체력훈련입니다. 달리기에 비유하여 생각하면 이해하기 쉽습니다. 장거리 달리기와 단거리 달리기가 있듯, 호흡도 긴 호흡과 짧은 호흡이 있지요. 긴 호흡은 숨을 크게 들이마시고 일정한 크기로 호흡을 내보내는 것이고, 짧은 호흡은 강하게 숨을 들이마시고 강하게 호흡을 내보내는 것입니다. 문장의 앞부분만 크게 나오고 뒤로 갈수록 목소리가 작아진다는 것은 호흡 조절에 능숙하지 못하다는 것을 의미합니다. 아래의 체크 리스트를 통해 우리 아이 호흡을 확인해 보세요.

☑ 체크 리스트

〈우리 아이 호흡〉

① 앞에 나가서 발표할 때 호흡이 짧아져서 숨이 가빠진다. ·················· ☐
② 발표할 때 목소리가 기어들어간다. ······························ ☐
③ 긴 문장을 이야기할 때 마지막 부분은 숨이 모자라서 후루룩 흘려보낸다. ··· ☐
④ 멀리 있는 친구를 불렀을 때 친구가 듣지 못하는 경우가 있다. ············ ☐
⑤ 책을 읽을 때, 어디에서 쉬어가며 읽어야 할지 잘 모르고 있다. ············ ☐
⑥ 말을 할 때 입가에 침이 많이 고인다. ·························· ☐
⑦ 말을 할 때 중간 중간 숨을 들이마시는 소리가 크게 들린다. ············ ☐
⑧ 목에 핏대를 세우며 말을 한다. ······························ ☐
⑨ 조금만 소리를 질러도 목이 쉽게 쉰다. ························ ☐
⑩ 크게 이야기하려 해도 목소리가 자꾸 작아진다. ·················· ☐

2개 이하   짝짝! 좋아요.
3개~6개   복식호흡의 방법을 연습하고 활용해 보아요.
7개 이상   전문가의 진단을 받고 체계적인 복식호흡 훈련을 배워 보아요.

호흡의 힘을 기르고 일정하게 호흡을 유지하기 위해 다음을 차례대로 연습해 봅시다.

실 감기 호흡법

01 발을 어깨 너비만큼 벌리고 허리와 목을 바르게 세운다.

02 어깨에 힘을 빼고 자연스럽게 내린다.

03 정면을 바라보고 양손 검지만 핀 다음 입 앞으로 모은다.

tip

목구멍에서 굵은 실이 목소리가 되어 길게 빠져나온다고 상상하면 쉬워요! 입으로 '후~' 하는 소리를 내며 손가락으로 실을 감듯 돌돌 돌리며 호흡해 보세요.

04 숨을 4초 동안 들이마시면서 배가 빵빵해지는 것을 느낀 다음, 4초 동안 내쉬면서 실을 감듯이 양손을 둥글리며 호흡을 감는다.

05 다시 숨을 4초 동안 들이마시고, 8초 동안 내쉬면서 실을 감듯이 양손을 둥글리며 호흡을 감는다.

06 다시 숨을 4초 동안 들이마시고, 12초 동안 내쉬면서 실을 감듯이 양손을 둥글리며 호흡을 감는다.

이렇게 손을 둥글리는 실 감기 호흡법을 연습했다면 호흡과 함께 목소리를 내는 연습을 해 봅니다.

(4초 들이마시고, 손을 둥글리며) 아~~~~ (4초 동안)

(4초 들이마시고, 손을 둥글리며) 아~~~~~~~~ (8초 동안)

(4초 들이마시고, 손을 둥글리며) 아~~~~~~~~~~~~~~~~ (16초 동안)

(4초 들이마시고) 안~녕~하~십~니~까~~~~

(4초 들이마시고) 나~는~크~게~말~할~수~있~다~~~~

호흡연습 후에는 다음의 글을 복식호흡을 활용하여 읽어 봅니다. 이때, 끊어진 문단은 반드시 하나의 숨으로 읽도록 하고 빨라지지 않게 유의합니다.

(숨 들이마시고)

안녕하십니까? 저는 마루지 초등학교 4학년 이나래입니다.

(남은 숨 내쉬고)

(숨 들이마시고)

요즘 날씨가 많이 선선해졌습니다. 뜨거웠던 여름이 지나고 풍요로운 가을이 돌아오는 것 같은데요.

(남은 숨 내쉬고)

(숨 들이마시고)

가을에는 청명한 하늘도 자주 볼 수 있고 맛있는 과일과 햇곡식도 먹을 수 있습니다. 올 가을을 풍요롭게 즐기시기 바랍니다.

(숨 고르기)

첫 번째 문단은 한숨에 읽어 내려가기 쉬웠지만 마지막 문단은 한숨으로 읽기 어려웠을 것입니다. 그러나 연습을 꾸준히 하면 조금씩 호흡이 늘어나는 것을 느낄 수 있습니다. 위 방법에 익숙해진 친구들은 다음과 같이 한 호흡으로 처음부터 마지막까지 쉬지 않고 읽어 봅니다. 뱃속에 있는 손톱만한 숨도 다 짜내서 말을 한다는 느낌을 갖고 호흡연습을 한다면 말의 기초 체력이 탄탄해질 것입니다.

(숨 들이마시고)
안녕하십니까? 저는 마루지 초등학교 4학년 이나래입니다.
요즘 날씨가 많이 선선해졌습니다. 뜨거웠던 여름이 지나고 풍요로운 가을이 돌아오는 것 같은데요.
가을에는 청명한 하늘도 자주 볼 수 있고 맛있는 과일과 햇곡식도 먹을 수 있습니다. 올 가을을 풍요롭게 즐기시기 바랍니다.
(남은 숨 내쉬기)

반복해서 연습하면서 처음부터 마지막 문장까지 고르고 일정한 호흡을 내뱉으며 말할 수 있도록 합니다. 끝까지 힘 있는 목소리를 만들 수 있답니다.

② 큰 목소리를 위한 수박씨 호흡

저는 지난 주말 가족과 함께 스키를 타고 왔습니다.

뭐라고?
뭐라는 거야?

참으려 했지만 이렇게 말하는 아이에게는 버럭! 소리를 지르게 된다는 엄마들이 많습니다. 작아도 너무 작은 목소리로 말을 하면 듣는 사람들은 귀를 기울이다 지쳐 짜증이 나곤 하지요. 학교에서도 마찬가지입니다. 처음에는 무슨 말을 하는지 다른 친구들이 궁금해 하기도 하지만, 작은 목소리로 계속 이야기하면 반 친구들은 듣는 게 피곤하다는 생각이 들어 이내 다른 생각을 하게 됩니다. 그러면 아이가 친구들에게 말하고 싶은 내용도 제대로 전달할 수 없겠죠.

웅얼거리며 말하는 아이에게 등짝 스매싱을 날리며 크게 말하라고 윽박지르기도 하지만 엄마의 마음을 아는지 모르는지, 아이들의 목소리는 쉽게 커지지 않습니다. 아이들의 성량은 어른만큼 크지 못하고 튼튼하지도 않기 때문이지요. 하지만 어른들처럼 큰 목소리가 나오지 않는다고 실망할 필요는 없습니다. 대신 잘 들리도록 만들어 주면 됩니다. 이 역시 말할 때의 호흡을 안정적이고 튼튼하게 만들어 주는 훈련으로 개선할 수 있답니다.

목소리가 작아도 잘 들리게 하는 훈련은 두 가지로 나눌 수 있는데요. 첫 번째는 '수박씨 호흡' 연습, 두 번째는 '띄어 읽기' 연습입니다.

수박씨 호흡은 한꺼번에 강한 호흡을 내뱉는 호흡법입니다. 수박을 먹고 재미 삼아 수박씨를 멀리 뱉어본 경험이 있을 것입니다. 힘없이 '후!'하고 내뱉는다면 멀리 가지 못하고 내 발 앞에 떨어지고 말지요. 대신 있는 힘껏 '투!'하고 세게 뱉으면 저만치 날아가게 됩니다. 아이들의 호흡도 수박씨를 뱉는 것처럼 강하게 '투!'하고 내뱉을 수 있도록 유도해 보세요.

수박씨 호흡법

01 숨을 2초 들이마시고, 배가 빵빵해
지는 것을 느낀다.

02 수박씨를 뱉듯 '투'하고 호흡을 강
하게 내뱉는다.

03 숨을 2초 들이마시고, 배가 빵빵해
지는 것을 느낀다.

04 수박씨를 뱉듯 '투 투'하고 호흡을
강하게 두 번 내뱉는다.

05 같은 방법으로 숨을 2초 들이마시고, 배가 빵빵해지는 것을 느낀다.

06 수박씨를 뱉듯 '투 투 투'하고 호흡을 강하게 세 번 내뱉는다.

07 숨을 2초 들이마시고, 배가 빵빵해지는 것을 느낀다.

08 수박씨를 뱉듯 '투 투 투 투'하고 호흡을 강하게 네 번 내뱉는다.

09 숨을 2초 들이마시고, 배가 빵빵해지는 것을 느낀다.

10 수박씨를 뱉듯 '투 투 투 투 투'하고 호흡을 강하게 다섯 번 내뱉는다.

　

수박씨 호흡 연습 후에 다음의 글을 읽어 봅니다. 음가를 하나씩 다 떨어트리며 크게 소리 낼 수 있도록 도와줍니다.

안/녕/하/십/니/까/
저/는/ 마/루/지/ 초/등/학/교/ 이/나/래/ 입/니/다./
만/나/서/ 반/갑/습/니/다./

목소리를 잘 들리게 하는 두 번째 방법으로 의미상 띄어 읽기가 있습니다. 이야기의 문맥에 따라 적당한 곳에서 쉬어 읽게 되면 호흡을 들이마시기 편해 호흡의 힘을 기를 수 있습니다. 그렇게 되면 아이의 말이 더 잘 들리게 되겠죠? 의미상 띄어 읽는 부분에 표시를 하고 다음의 글을 읽어 봅시다.

- / 표시에서는 잠깐 쉽니다.
- // 표시에는 1초 정도 쉽니다.
- 소리를 강하게 내뱉습니다.

> 안녕하십니까?/
> 저는/ 마루지 초등학교/ 4학년/ 이나래입니다.//
>
> 제가 좋아하는 동물은/ 거북이입니다.//
> 딱딱한 등껍질이/ 신기하기도 하고/ 엉금엉금 기어 다니는 모습이/
> 귀엽기 때문입니다.//
>
> 여러분도/ 거북이를 한번 키워 보세요.//
> 감사합니다.//

빠라지지 않게 속도를 조절하며 읽는 연습을 한 후 다시 자연스럽게 읽어 봅니다. 아이의 호흡이 더욱 단단해질 것입니다.

2 예쁜 목소리로 말하고 싶은 아이

　TV에 나오는 아나운서나 MC들의 목소리를 듣고 있으면 마음이 편안해지는 경우가 많습니다. 무엇을 말하고자 하는지 요점도 더 잘 들리는 것 같고, 목소리가 곱고 꽉 찬 것 같은 느낌이 들지요. '같은 사람인데 목소리는 어쩜 저리 나와 다를까?'하는 생각이 들 정도입니다.

　이런 목소리는 하루아침에 만들어진 것이 아닙니다. 오랜 시간 동안 소리를 둥글리는 발성법을 연습한 결과입니다. 호흡을 들이마시고 음성으로 만들어 입 밖으로 내보내는 과정을 발성이라고 하는데, 목소리를 낼 때 어디에 힘을 주고 크기를 변화시키느냐에 따라 동그랗고 예쁜 목소리가 만들어집니다. 아나운서나 전문가처럼은 아니지만 우리 아이들도 매끄럽고 동그란 목소리를 만들 수 있습니다. 좋은 발성으로 말을 한다면 내용에 더 믿음을 줄 수 있고 목소리도 활기차게 들리겠죠?

다음의 체크 리스트를 통해 우리 아이 발성을 확인해 보세요.

☑ 체크 리스트

〈우리 아이 발성〉

① 목소리가 마음에 안 든다. ···································· ☐
② 목소리 톤이 일정해서 말이 재미없게 들린다. ·············· ☐
③ 목소리에 힘이 없고 물렁물렁한 느낌이다. ················ ☐
④ 목소리를 크고 작게 조절하는 것이 어렵다. ·············· ☐
⑤ 긴장할 때 목이 메여 목소리가 잘 나오지 않는 느낌이다. ···· ☐
⑥ 코맹맹이 소리가 많이 난다. ···························· ☐
⑦ 목소리나 말투가 딱딱하다는 말을 듣는다. ················ ☐
⑧ 앞에서 말을 할 때 불규칙적으로 목소리가 떨린다. ········ ☐
⑨ 앞에서 이야기 할 때 자주 목소리가 갈라진다. ············ ☐
⑩ 진성과 가성을 오가며 음이탈이 많이 난다. ·············· ☐

2개 이하 ┃ 짝짝! 좋아요.

3개~6개 ┃ 발성의 방법을 연습하고 활용해 보아요.

7개 이상 ┃ 전문가의 진단을 받고 체계적 발성장애 훈련을 배워 보아요.

① 울림이 있는 메아리 발성

"선생님! 예쁜 목소리로 말하고 싶은데, 제 목소리는 자꾸 갈라져요."
"선생님! 저는요. 제 목소리가 진짜 마음에 안 들어요."

우리 아이들이 많이 하는 고민입니다. 그럼 저는 아이들에게 다시 물어봅니다.

"그럼 예쁜 목소리는 어떤 목소리라고 생각해?"

아이들은 이 질문에 제각각 자신이 좋아하는 목소리를 이야기합니다. 이렇듯 자신이 원하는 목소리, 자신이 예쁘다고 생각하는 목소리는 다 다릅니다.

마찬가지로 모든 아이들이 똑같이 고운 목소리를 갖고 태어난 것은 아니지요. 자신의 발성구조나 유전에 따라 낮은 목소리, 높은 목소리, 가는 목소리, 두꺼운 목소리 등 다양한 특징이 있습니다. 이런 특징들을 무시하고 그저 좋은 목소리를 갖고 싶다고 생각하면 결코 좋은 목소리를 낼 수 없습니다. 내 발성 구조에 맞는 편안한 목소리, 내가 낼 수 있는 소리 내에서 매끄러운 목소리가 가장 아름다운 목소리입니다.

사춘기에 접어든 아이들은 자신의 목소리가 예쁘지 않다는 생각에 억지로 얇은 목소리를 내려고 가슴 부분에 힘을 잔뜩 주고 높은 소리를 내기도 합니다. 그렇게 하면 목 근육도 경직되고 성대에 무리를 줄 수 있습니다. 아이들이 내기 편안한 목소리가 가장 예쁜 목소리라고 생각할 수 있도록 심리적인 응원을 해주는 것도 필요합니다.

먼저 다음 과정을 통해 우리 아이들이 가장 편안하게 낼 수 있는 목소리를 찾아봅시다.

편안하게 낼 수 있는 목소리

01 발을 어깨 너비만큼 벌리고 허리와 목을 바르게 세운다.

02 팔에 힘을 빼고 자연스럽게 늘어뜨린다.

03 목 근육의 긴장을 풀어주기 위해 오른쪽으로 고개를 돌려 3초간 바라본다.

04 이번에는 왼쪽으로 고개를 돌려 3초간 바라본다.

05 정면을 바라보고 한손을 가슴 부분
  에 놓고 '음~' 소리를 낸다.

06 정면을 바라보고 한손을 명치 부분
  에 놓고 '음~' 소리를 낸다.

07 정면을 바라보고 한손을 배꼽 부분
  에 놓고 '음~' 소리를 낸다.

5·6·7번을 반복적으로 연습하면서 울림이 가장 크게 느껴지는 목소리를 찾아봅니다. 아마도 명치 부분에 손을 올려놓았을 때 가장 많이 떨리는 느낌을 받았을 것입니다. 그 지점이 바로 목소리가 울리는 지점인데요. 그 부분을 부드럽게 톡톡 두드려 주며 목소리를 내봅니다. 그때 내 몸에서 나오는 목소리가 나에게 맞는 가장 편안하고 예쁜 목소리입니다.

가장 편안한 목소리를 찾았다면 그 목소리를 좀 더 둥글게 모아주는 '메아리 발성'을 연습해 봅시다. '메아리 발성'이란 목소리가 메아리처럼 왕왕~ 울리는 것을 말합니다. 어릴 적 읽었던 동화 '금도끼 은도끼'에서 안개에 싸여 "이 금도끼가 네 도끼냐?" 하고 묻는 산신령 목소리처럼 울림 가득한 목소리를 떠올려 봅니다. 울림이 있는 목소리는 말하는 사람뿐 아니라 상대방에게도 그 진동이 전해지지요. 이때 그 목소리를 듣는 상대방은 귀가 편안하다고 생각하고 그 목소리에 호감을 느낀답니다.

이런 울림을 만들어 내기 위해서는 내 몸을 악기라고 생각하면 이해하기 쉽습니다. 바이올린이나 첼로, 기타 등의 악기를 활용해 소리를 낼 때는 소리의 울림을 만들어 내는 공간이 필요합니다. 그 공간 안에서 공기가 움직이며 울리는 소리를 만들어 내는데요. 우리 몸에 적용해 보면 공기를 들이마시는 폐와 공기가 지나가는 얼굴 안쪽이 울림을 만들어 내는 공간이 될 수 있습니다. 얼굴 안쪽의 공간은 두 곳으로 나눌 수 있습니다. 하나는 '비강(鼻腔)'이고 다른 하나는 '구강(口腔)'입니다. 이 두 공간을 적절히 활용하면 바로 울림이 있는 소리를 낼 수 있지요. 다음 내용을 통해 아이가 발성을 잘 이해할 수 있도록 비강과 구강, 두 곳으로 나누어 소리가 어떻게 나오는지 느끼게 해 주세요.

먼저 비강만 활용하여 소리를 내보게 합니다.

입 속의 혀를 입천장에 바짝 붙이고 숨을 코로 내보내면서 '음~'하고 소리를 내게 합니다. 이때 혀뿌리까지 입천장에 착 달라붙게 해 보세요. 이렇게 하면 답답한 목소리가 나오거나 앵앵거리는 콧소리가 많이 섞여 나오게 되어 마치 아기 같은 목소리가 됩니다. 만약 아이가 평소에도 앵앵거리는 목소리로 말한다면 혀뿌리에 긴장을 낮추고 목구멍을 넓히면서 공기를 입으로 많이 내보내는 둥근 호흡법을 함께 익혀야 합니다.

다음은 구강만 활용하여 소리를 내보게 합니다.

입 속에 탁구공 하나가 들어가 있다고 상상을 하게 합니다. 혀가 아래로 내려가서 달라붙고 입 안에 동그란 공간이 만들어질 것입니다. 그 상태에서 손가락으로 코를 막고 두 입술은 닿을 듯 말듯 아주 살짝 벌리고 '음~'하는 소리를 내보게 합니다. 이 경우에는 막힌 소리, 메마른 소리가 나오게 됩니다.

이렇게 한쪽 공간만 사용해서 나오는 소리는 깊은 울림을 만들어 내지 못합니다. 비강과 구강, 두 공간을 사이좋게 나누어 나오는 소리가 바로 메아리 발성이지요. 목소리가 줄어들거나 힘없이 떨어지지 않게 유의하면서 짧게 끊지 않고 할 수 있는 한 길게 소리를 낼 수 있도록 도와주세요. 이렇게 단단한 울림, 즉 메아리 발성이 잘 되는 친구들은 상대의 마음을 움직일 수 있는 강력한 목소리를 갖게 됩니다. 그럼, 아이의 풍부한 목소리를 만들어 주는 메아리 발성 연습을 해 볼까요?

메아리 발성법

01 입술은 닿을 듯 말 듯 살짝 벌린다.

02 숨을 들이마신 후 입과 코에 적절히 공기를 나누어 내보내며 '음~' 소리를 낸다.

03 한 손바닥을 입 가까이에 대고 코끝과 입술이 떨리는 느낌을 느껴본다.

04 그 상태를 유지하며 다음을 읽어본다.

음~~~~~~~~~~~~~~~~~~가~
음~~~~~~~~~~~~~~~나~
음~~~~~~~~~~~~~~~다~
음~~~~~~~~~~~~~~~라~
음~~~~~~~~~~~~~~~마~
음~~~~~~~~~~~~~~~바~
음~~~~~~~~~~~~~~~사~
음~~~~~~~~~~~~~~~아~
음~~~~~~~~~~~~~~~자~
음~~~~~~~~~~~~~~~차~
음~~~~~~~~~~~~~~~카~
음~~~~~~~~~~~~~~~타~
음~~~~~~~~~~~~~~~파~
음~~~~~~~~~~~~~~~하~

② 재미있는 파도 발성

| 안 | 녕 | 하 | 세 | 요 | 이 | 지 | 은 | 입 | 니 | 다 |

전자제품 서비스 센터의 ARS 음성처럼 느낌 없이 그냥 흘러가는 대로 말하는 아이들이 많이 있습니다. 이런 아이들의 목소리는 딱딱하고 재미없게 들립니다. 이렇게 말하는 아이의 말은 아무리 중요한 내용이라 해도 다른 사람의 기억에 남지 않을 것입니다. 이런 아이들은 발성의 크기를 달리 해주는 것만으로도 탄력적인 목소리를 갖게 되고, 동시에 말에 생동감이 흐르기 시작합니다. 아래의 파도 발성법 1을 연습해 봅시다.

[파도 발성법 1]
1. 발을 어깨 너비만큼 벌린다.
2. 허리와 목을 바르게 세운다.
3. 팔은 힘을 빼고 자연스럽게 늘어뜨린다.
4. 목 근육의 긴장을 풀어주기 위해 오른쪽으로 고개를 돌려서 3초간 바라본 다음,
   왼쪽으로 돌려서 3초간 바라본다.
5. 정면을 바라보고 아! 아! 아! 아! (3회 반복)
6. 정면을 바라보고 아아아 아아아 아아아 (3회 반복)
(글자의 크기는 소리의 크기라고 생각하세요.)

다음은 마치 파도가 치는 것처럼 음의 높낮이를 부드럽게 위아래로 움직여서 목소리를 변화시켜 봅니다. 이때 손을 함께 들어 파도를 타듯 연습시켜주면 더 실감나게 할 수 있습니다. 다음 장의 파도 발성법 2를 연습해 봅시다.

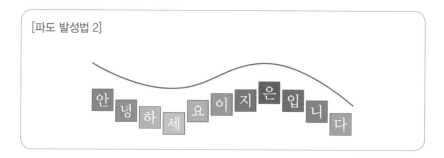

파도 발성 이후에는 목소리 크기를 5단계로 나누어 훈련하는 것이 도움이 됩니다.

[5단계 목소리 크기]

1 나는 땅 속 깊은 곳의 작은 씨앗을 사랑합니다.

2 나는 푸른 대지에 돋아나는 풀잎을 사랑합니다.

3 나는 부드러운 바람에 떠다니는 꽃씨를 사랑합니다.

4 나는 새들의 둥지가 되어주는 든든한 나무를 사랑합니다.

5 나는 자연에 생명을 불어 넣어주는 태양을 사랑합니다.

1은 가장 작은 목소리이고, 5는 가장 큰 목소리를 의미합니다. 5까지 순차적으로 조금씩 크게 말하게 합니다. 아이가 발성을 좀 더 쉽게 느끼고 효과적으로 표현하는 방법은 아래처럼 1부터 5의 소리를 몸으로도 함께 표현하는 것입니다.

1의 발성을 할 때는 몸을 웅크리고 앉아 최대한 작은 몸과 소리를 만들어 냅니다.

2의 발성을 할 때는 앉은 채 몸을 펴고 소리를 만들어 냅니다.

3의 발성을 할 때는 바르게 서서 소리를 냅니다.

4의 발성을 할 때는 손을 양 옆으로 살짝 벌리고 크게 문장을 읽습니다.

5의 발성을 할 때는 양손을 뒤로 번쩍 들어 올리고 아주 힘차게 소리를 냅니다.

3 또박또박 말하고 싶은 아이

"애가 하나여서 귀하게 키워 그런지 아직도 아기 같은 발음으로 말해요."
"했떠요~처럼 새는 소리가 많이 나와요. 혀가 짧아서 그런가요?"

아이가 정확하지 않은 발음으로 이야기하면 엄마는 걱정이 됩니다. 어렸을 때는 '크면 좀 나아질 거야'하고 생각했는데 시간이 지나도 변하지 않는 아이의 발음을 들으면 걱정이 커집니다. 엄마나 어른들은 알아들을 수 있지만 아이가 친구들 사이에서 놀림거리가 되지는 않을지, 괜히 의기소침해지지는 않을지 마음이 무겁기만 합니다.

요즘 엄마들이 아이의 발음에 대해 걱정하는 사례가 늘고 있습니다. 일반적으로 영유아기 때 부모님이 맞벌이를 하느라 아이를 할머니, 할아버지께 맡겼던 경우나 쌍방향 커뮤니케이션이 아닌 일방향 커뮤니케이션 시스템에 자주 노출된 아이들에게 이런 특성이 많이 관찰됩니다. 또는 엄마나 아빠가 말이 없는 성향이라 말이 트이는 시기에 정확한 발음을 배우지 못했던 경우도 해당됩니다.

영유아 언어발달, 인지적 상호주의 대표학자인 피아제(Piaget)의 이론에 따르면 출생 후부터 2세에 이르기까지 아기는 감각운동을 통해 언어를 습득하게 됩니다. 그 후 7세 무렵까지 어휘가 급격히 증가한다고 합니다. 이때 어휘와 함께 정확한 발음을 충분히 듣고 연습하지 못한 아이들은 부정확한 발음으로 아동기에 접어들게 되지요.

아이들의 부정확한 발음은 크게 세 가지로 나누어 생각할 수 있습니다.

- 웅얼웅얼하며 모든 발음을 명확하게 하지 않는 경우
- 어린 아이처럼 혀 짧은 소리를 하는 경우
- 받침이나 어미 부분을 흘리며 후루룩 넘어가는 경우

첫 번째는 모음이 부정확한 경우이고, 두 번째는 자음부분이 부정확한 경우입니다. 그리고 마지막은 급한 성격이나 구강구조의 문제가 있는 경우입니다. 다음 체크 리스트를 통해 우리 아이 발음을 확인해 보세요.

☑ 체크 리스트

〈우리 아이 발음〉

① 어린아이같이 말한다는 이야기를 듣는다. ⋯⋯⋯⋯⋯⋯⋯⋯⋯⋯⋯ ☐
② 사람들이 말을 잘 알아듣지 못하고 다시 되묻는 경우가 많다. ⋯⋯⋯⋯ ☐
③ 웅얼웅얼하는 듯이 말한다. ⋯⋯⋯⋯⋯⋯⋯⋯⋯⋯⋯⋯⋯⋯⋯⋯ ☐
④ 발음이 안 좋은 것 같아 말하기를 싫어한다. ⋯⋯⋯⋯⋯⋯⋯⋯⋯⋯ ☐
⑤ "했습니다" 등 'ㅅ'의 발음이 /th/ 발음처럼 혀가 이 사이로 나온다. ⋯⋯ ☐
⑥ "로렐라이" 등 'ㄹ'의 발음이 /노델나이/처럼 불분명하게 들린다. ⋯⋯ ☐
⑦ "바지" 등의 'ㅈ'의 발음이 /바디/처럼 불분명하게 들린다. ⋯⋯⋯⋯ ☐
⑧ "했습니다" 등의 '습' 발음이 /했스니다/로 받침이 불분명하게 들린다. ⋯⋯ ☐
⑨ "외할머니" 등의 '외', '위', '의' 발음이 /에할머니/처럼 불분명하게 들린다. ⋯ ☐
⑩ "수박" 등의 '수' 발음이 /슈박/처럼 불분명하게 들린다. ⋯⋯⋯⋯⋯⋯ ☐

2개 이하　짝짝! 좋아요.
3개~6개　발음 훈련을 통해 더 노력해 보아요.
7개 이상　전문가의 진단을 받고 체계적인 발음 훈련을 배워 보아요.

① 웅얼거리는 발음을 고치는 입술 운동

"엄마, 오늘 학교에서~ 웅얼웅얼~ 그랬는데요!
그 애가 웅얼웅얼~"

답답한 나머지 "뭐? 뭐라고?", "입을 크게 벌리고 말해!", "엄마 봐봐! 이렇게 말해야지!"하며 아이의 얼굴 앞으로 바짝 다가가서 입을 움직여 보이곤 합니다. 그러나 이런 엄마의 노력은 잠시뿐, 다시 아기처럼 웅얼웅얼하며 말하는 아이를 보면 속상할 때가 있습니다. 웅얼거리는 것처럼 들리는 말소리는 두 가지 원인으로 나누어 볼 수 있습니다.

첫째는 입술을 양 옆으로 벌리지 않고 모음 발음을 하는 경우이고, 둘째는 턱을 위아래로 벌리지 않고 모음 발음을 하는 경우입니다. 이런 특징을 보이는 아이는 대체로 수줍음이 많고 내성적인 성향을 가진 경우가 많습니다. 고학년이라면 사춘기에 접어들었을 경우에도 이런 모습을 보입니다. 자신감이 급격히 떨어져서 다른 사람들이 내 입을 쳐다보는 것도 부담스럽기 때문이지요.

웅얼거리지 않고 정확하게 발음하기 위해서는 조음기관을 풀어줘야 합니다. 조음기관은 턱관절, 입술, 혀로 이루어졌는데 턱은 아래위로 움직이는 구조, 입술은 양 옆으로 확장하거나 축소하는 구조, 혀는 정확한 지점을 찍고 물러나는 구조라고 이해하면 됩니다. 다음의 준비운동을 통해 아이의 턱관절, 입술, 혀를 풀어주세요.

턱관절 준비운동은 거울 앞에 아이를 세우고 '오'와 '아'를 번갈아가며 발음하게 합니다. 이때 '오'는 손톱만한 구멍만 보이도록 조그맣게 만들고, '아'는 하품할 때처럼 목젖이 훤히 보이게 만들어야 합니다.

입술 준비운동은 호흡을 들이마시고 입을 살짝 다문 뒤 바람을 한꺼번에 내뱉으며 젖먹이 아이가 투레질하듯 '푸르르르'하고 입술을 털썩거리게 합니다. 바람을 세게 내보내서 입술이 많이 떨리도록 해 주세요. 입술 주변의 근육이 경직되어 있으면 발음도 부정확하게 나올 뿐만 아니라 표정도 굳어지게 됩니다.

혀 준비운동은 혀를 입술 밖으로 길게 내밀게 하고 혀끝으로 동그라미, 네모, 세모 등 도형을 정확하게 그리게 합니다.

이렇게 조음 기관을 풀어주는 준비운동 후에는 본격적인 모음 훈련을 시켜 봅니다. 모음 발음의 기본훈련은 얼굴과 턱의 근육을 최대한 움직여서 입술을 정확하게 벌려주는 것입니다. 한국어의 모음은 모두 21자가 있습니다.

> [단모음]
> ㅏ ㅓ ㅗ ㅜ ㅡ ㅣ ㅐ ㅔ ㅚ ㅟ
> [이중모음]
> ㅑ ㅕ ㅛ ㅠ ㅢ ㅒ ㅖ ㅘ ㅝ ㅙ ㅞ

총 21개의 모음 중에서 대표적인 6개의 모음을 훈련시켜 봅니다. 이 6개의 모음을 활용하면 모든 모음을 정확하게 발음할 수 있기 때문입니다.

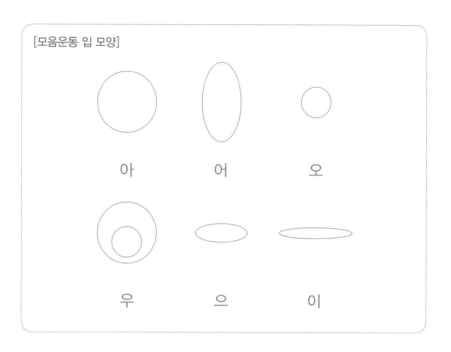

아이의 입 모양이 동그라미와 같은 모습으로 정확하게 나올 수 있도록 거울을 보면서 연습합니다.

모음운동

입이 잘 벌어지지 않는 아이라면 '아'와 '어'의 경우 손가락을 활용하면 도움이 됩니다. 아이의 검지와 중지 손가락을 모아 세로로 세운 후 입에 살짝 넣습니다. 손가락이 들어갈 공간만큼 턱을 벌려주기 위해서이지요. 손가락 두 개를 성공했다면 손가락 세 개를 세로로 세워서 다시 한 번 벌리게 해 봅니다. 충분히 턱이 벌어지지 않는 아이라면 엄마의 손바닥으로 아이의 양쪽 귀밑 턱 근육을 부드럽게 풀어줍니다. 그러고 나서 다시 한 번 손가락 두 개를 모아서 입으로 넣고 턱을 벌려 봅니다. 이 과정을 반복하여 아이의 턱이 여유롭게 벌어지도록 도와줍니다.

입술이 잘 모아지지 않는 아이라면 '오'와 '우'의 발음을 많이 연습하면 좋습니다. 쑥스러움을 많이 타는 아이라면 '오'와 '우' 등의 작은 발음을 정확하게 하지 않으려고 할 것입니다. 또 '오' 발음은 비교적 정확하게 하다가도 '우' 발음에서 입술을 내미는 것을 부담스러워 하는 아이도 있습니다. 아이가 많이 어려워한다면 자신의 손으로 입술을 툭툭 치면서 '우' 발음을 하도록 발음하도록 해 주세요. 손바닥으로 입술에 자극을 주면 더 힘이 생겨 수축하기 쉬워집니다.

모음운동

tip

'이' 모음을 연습할 때 입 꼬리에 살짝 힘을 주며 위로 올라가게 해 주세요. 입 꼬리가 밑으로 내려간 상태로 '이' 모음을 연습하면 표정도 어두워진답니다. '이' 모음과 표정근육도 함께 연습하면 발음과 표정 두 마리 토끼를 모두 잡을 수 있답니다.

이렇게 모음 기본 훈련에 익숙해졌다면 내용이 쉽고 짧은 문장의 책을 하나 선정해서 천천히 또박또박 읽는 연습을 해 볼까요?

송알송알 싸리 잎에 은구슬
조롱조롱 거미줄에 옥구슬
대롱대롱 풀잎마다 총총
방긋 웃는 꽃잎마다 송송송

고이고이 오색실에 꿰어서
달빛 새는 창문가에 두라고
포슬포슬 구슬비는 종일
예쁜 구슬 맺히면서 솔솔솔

모음 하나하나를 정확하게 발음할 수 있도록 도와주세요.

② 혀 짧은 소리를 고치는 메롱 운동

"안녕하테요. 더는 틴동투입니다. 만나터 반가틉니다."

/Th/ 발음을 예능으로 승화시킨 개그맨들이 시청자들에게 자신의 발음을 활용해서 가벼운 웃음을 주기도 합니다. 하지만 실제 생활에서 ㅅ 발음이 부정확한 경우는 '사탕'이 '타탕'으로, '의사소통'이 '의타토통'으로 들리게 되며 의미 전달력이 떨어집니다. 발음이 부정확한 아이들은 자신의 말소리가 친구들 사이에서 우스갯거리가 될 것 같다는 염려 때문에 입을 닫기도 하고 자신감이 떨어지기도 합니다. 아이의 사회생활을 돕고 자신감을 키워주기 위해서라도 혀 짧은 소리는 반드시 교정을 해 주어야 합니다. 초등학교 저학년 아이라면 크게 위축되지 않을 수 있지만 고학년이 되면 다른 친구들이 이상하게 여기기도 하고, 아이 스스로 부정확한 발음을 의식하게 되면 말하는 것을 꺼리며 발음이 더 안 좋아지는 악순환이 발생하기도 합니다.

이런 혀 짧은 소리는 자음과 관련이 있습니다. 한국어에는 19개의 자음이 있는데, 모든 자음이 한꺼번에 발달되는 것은 아닙니다. 아이의 연령에 따라 발음이 완성되는 시기가 다르지요. 보통 ㅃ, ㄸ, ㄲ 등의 파열음은 2세나 3세 초반에 비교적 발음이 완성되고 ㅈ, ㅉ, ㅊ 등의 파찰음은 3세나 4세에 완성됩니다. 그러나 ㄹ, ㅅ 발음은 학자에 따라 조금씩 의견이 다르지만 6세 이후에도 약간 불완전한 상태로 남아있다고 합니다. 실제로도 많은 아이들이 6세, 7세가 되어도 ㅅ 발음이나 ㅆ 발음을 할 때 부정확하게 발음하는 경우가 많습니다.

발음 교정은 7세부터 소리가 굳어지기 전인 10세 이전의 유연한 시기에 해주는 것이 좋습니다. 그러나 언어발달에 문제가 있어서 ㄹ 이나 ㅅ 등의 교정이 필요한 경우에는 더 일찍 시작하는 것이 좋습니다.

특수한 언어 장애가 있는 경우를 제외하고 보통의 아동이 혀 짧은 소리를 낸다면 주로 ㅅ, ㅆ 등의 마찰음이나 ㅈ, ㅉ, ㅊ 등의 파찰음 발음에 문제가 있는 것입니다. ㅅ, ㅆ 등의 마찰음은 공기를 한 방향으로 서서히 내보내는 발음이고 ㅈ, ㅉ, ㅊ의 발음은 공기의 흐름을 혀로 살짝 막았다가 틈을 벌려서 소리를 내보내는 발음인데, 아이의 혀에 탄력이 없거나 혀를 어디에 두어야 할지 모르는 경우 이런 발음이 부정확하게 나오는 것입니다. 아래의 예를 살펴볼까요?

선생님이 사과를 먹어요. → 턴탱님이 타과를 먹어요.

눈이 소복소복 내려요. → 눈이 토복토복 내려요.

바지를 입고 점심을 먹어요. → 바디를 입고 덤심을 먹어요.

차렷, 열중쉬어! → 타렷, 열둥텨!

이렇게 발음하는 아이라면 ㅅ 과 ㅈ 발음에 문제가 있는 것인데요. 혀끝의 위치가 정확하게 한 점을 찍지 못하고 위로 떠 있는 경우에 이런 소리가 납니다.

ㅅ, ㅈ, ㅊ를 정확하게 발음하기 위해서는 혀끝은 아랫니의 안쪽에 붙어있고 혀의 양 날개는 어금니 쪽으로 펼쳐지는 형태가 되어야 합니다. 그리고 그때 바람은 혀의 중간 부분으로 흘러나오게 되지요. 그런데 아랫니 뒷부분에 딱 붙어있어야 할 혀가 힘없이 위로 떠올라서 혀끝이 아랫니와 윗니 사이로 내미는 형태가 되는 경우에 /th/ 발음이 나오게 됩니다.

이런 아이들은 정확한 발음을 위해 혀의 힘을 길러주는 메롱 운동을 꾸준히 하면 도움이 됩니다. 아이와 함께 다음의 메롱 운동을 따라해 보세요.

메롱 운동법

01 혀를 길게 내밀어 메롱을 한다.

02 천천히 혀를 움직여 메롱을 다섯 번 한다.

03 조금 빠르게 혀를 움직여 메롱을 다섯 번 한다.

04 더 빠르게 혀를 움직여 메롱을 다섯 번 한다.

05 아주 빠르게 혀를 움직여 메롱을 다섯 번 한다.

06 쉬운 동요의 박자에 맞춰 메롱을 한다.

메롱 운동 이후에 다음의 글을 천천히 읽어 봅니다. 이때 혀끝을 정확한 지점에 두고 읽어야 합니다.

> 산 속 오솔길 옆 오두막집에는 착한 나무꾼이 살고,
> 산 밑 당산나무 옆 기와집에는 심술궂은 사냥꾼이 삽니다.
>
> 살랑살랑 불어오는 산바람은 산등성이를 타고 오고
> 송충이는 산바람을 피해 소나무 솔가지 밑에 숨는다.
>
> 싸락싸락 싸락눈이 내리는 소리에
> 삽살개는 살랑살랑 꼬리를 흔들고
> 새근새근 아기는 잘도 잔다.

아이의 자신감은 정확한 발음에서 만들어집니다. '크면 좋아지겠지, 아빠 닮아서 그런 건데, 어쩔 수 없어'하고 포기하지 마세요. 아이의 발달 단계에 따라 체계적으로 발음을 교정하는 방법만으로도 멋진 스피치를 할 수 있답니다.

Q 엄마의 질문

우리 가족은 다른 지역에서 이사를 왔습니다. 우리 아이의 사투리를 고쳐주고 싶어요!

A 선생님의 답

사투리는 지역적인 특색이 있는 말입니다. 한 지역에서 오래 살았다면 그 지역에서 많이 쓰는 단어나 말의 높낮이 등 그 지역의 특징이 습득되었을 텐데요. 그래서 사투리를 교정하는 것은 충분한 시간이 필요합니다. 몇 년, 혹은 몇 십 년 동안 듣고 썼던 말을 한꺼번에 고칠 수 없으니까요. 하지만 포기하지 마세요. 차근차근 시작하면 어색하지 않은 표준어를 쓸 수 있습니다. 사투리를 교정하고 싶은 친구는 먼저 표준어를 많이 듣는 것부터 시작해야 합니다. 그리고 사투리와 표준어의 가장 큰 차이점인 음의 높낮이를 교정하면 됩니다. 먼저 음의 높낮이를 일정하게 유지시켜 주는 연습을 시작합니다.

안녕하십니까? 저는 키즈스피치 마루지 이나래입니다.

이 문장을 읽을 때 모든 음가의 길이도, 모든 음가의 높이도 일정하게 유지한 채 읽어 주는 거죠.

안/녕/하/십/니/까/저/는/키/즈/스/피/치/마/루/지/이/나/래/입/니/다/

이때 양손을 가슴 높이까지 올려서 앞으로 나란히 자세를 취하며 읽게 하면 몸의 모양과 소리의 감각이 일치되어 조금 더 효과를 볼 수 있습니다. 심화 훈련으로 뉴스를 녹음하여 그대로 따라 해보는 것도 큰 도움이 된답니다.

Q 우리 아이는 긴장하면 목이 메고 말이 안 나온대요. 어쩌면 좋을까요?

엄마의 질문

A 긴장하면 온몸의 근육이 경직되기 마련입니다. 당연히 입술과

선생님의 답 혀도 내 마음대로 움직이지 않습니다. 발성기관인 성대는 근육이 없는 섬유질이지만 성대를 둘러싸고 있는 근육이 성대의 움직임을 관장합니다. 그 근육이 긴장을 하면 성대가 평상시와 다르게 움직이게 됩니다. 그로 인해 목소리가 떨리고 작아지게 되는 것이죠.

또한 긴장을 하면 막힌 소리가 나온다는 것은 긴장성 발성장애의 경우입니다. 긴장성 발성장애는 긴장을 하면 혀의 뿌리가 목젖과 맞닿을 정도로 위로 솟아 올라가서 소리가 막히는 느낌이 나는 것을 말합니다. '억'이라는 소리를 낼 때와 비슷한 혀의 구조가 되는 것입니다.

이 경우는 입술과 코끝 쪽으로 바람을 모아주고 발성하는 마스크 발성훈련으로 도움을 줄 수 있습니다. 아이와 함께 다음의 마스크 발성 훈련을 따라해 봅시다.

복식호흡으로 숨을 들이마시고 입과 코끝 쪽으로 바람을 모아 뱉어냅니다. 호흡을 뱉어낼 때 '음~', '아~'라는 소리를 내며 입술과 코끝이 파르르 떨리는 느낌이 날 수 있도록 합니다. 이 느낌이 점점 강하게 나오는 것이 좋으며, 이때 목구멍은 둥그렇게 아치형을 이루도록 해야 합니다. 그 후 말하고자 하는 문장의 음가를 하나씩 떨어뜨려서 천천히 발음하는 훈련을 합니다.

목이 메고 말이 안 나오는 것은 아무래도 긴장 상황에서 일어나는 증상이기 때문에 무엇보다 아이가 '떨리지 않는다'라는 마음가짐을 갖게 하는 것도 중요합니다. 떨려서 목소리가 잘 나오지 않는 아이에게 이렇게 말해 주세요.

"무서워하지 마. 너의 이야기를 듣는 사람들은 네가 생각하는 것보다 더 너그럽단다"

떨지 않고 자신감 있게 말하는 경험을 해 본다면 두 번째, 세 번째는 더욱 긴장하지 않을 수 있을 거예요.

"

이유를 물어보면
'몰라요', '그냥'이라고 얼버무려요.

"

CHAPTER

2

조리 있게 자신의 생각을 표현하는
방법을 배워 볼까요?

'논리적인 스피치'를 위한
고수의 비법

"무언가 말하고 싶은 것은 알겠는데,
핵심이 없고 빙빙 돌려서 말을 하니 도통 못 알아듣겠어요!
학교에서 있었던 일을 차근차근 말하지 못하는 우리 아이를 보면 참 답답해요.
친구랑 싸운 것 같은데, 왜 그랬는지 논리적으로 이야기 하지 못해서
아이 말을 듣고 있으면 더 화가 나요!"

아이가 주절주절하는 말을 듣고 있자니 핵심도 없는 것 같고, 이야기의 마무리도 없는 것 같아서 듣고 있는 엄마는 참 답답해집니다. 그러다 엄마는 자기도 모르게 이렇게 소리칩니다.

왜?
왜 그래?
왜 그러냐고?
왜 말을 못하냐고?

다그치는 엄마를 보며 아이들은 "에잇, 몰라 몰라! 엄마! 하여튼 그냥 그렇다고" 하며 혼자 툴툴거리기도 합니다. 사실 엄마가 기대하는 수준으로 말을 하는 것은 아이에게 참 어려운 일입니다. 게다가 얼른 왜 그랬는지 말하라고 종용 당하다 보면, 하고 싶었던 말도 목구멍으로 쏙 들어가 버릴 수 있습니다. 아이들은 세상에서 엄마라는 존재가 가장 커 보이고 대단해 보인답니다. 그런 엄마는 당연히 자신보다 말을 잘하는 사람이라고 생각하고요. 그런데 엄마가 '어디 한번 말해 봐'하는 표정으로 바라보고 있다면 아이들은 겁을 먹겠죠. 더 잘 해야겠다고 생각하는 아이들, 엄마를 만족시키고 싶은 아이들은 더욱 긴장하게 됩니다. 그래서 말을 더듬거나 같은 말을 반복하기도 하지요. 또 생각이 많은데 말은 그보다 천천히 나오니까 입에서 더듬더듬하다가 엉켜 버릴 수도 있습니다. 우리 아이들이 주절주절 핵심 없이 이야기하는 데는 다음의 세 가지 원인이 있습니다.

첫 번째, 말의 내용에 자신이 없는 경우입니다. 명확하게 알고 있는 이야기는 머릿속에 정리가 잘 되어있어서 논리적으로 말할 수 있습니다. 그러나 자신 없는 주제에 대해서는 핵심이 없으므로 여기저기에서 주워들은 이야기로 대충 채워 넣게 됩니다.

두 번째, 청중이 잘 들어주지 않았을 경우입니다. 이야기를 듣고 있는 청중, 즉 부모나 형제가 서로의 이야기에 경청하지 않고 각자의 일을 하며 건성으로 대화하는 가정에서 자란 아이는 이야기를 논리적으로 끌고 나갈 힘이 부족합니다. 이런 아이의 머릿속에는 온통 '내 말이 재미없나? 그럼 다른 말을 해볼까? 모르겠다. 그냥 관두자' 라는 생각이 얽혀있기 때문입니다.

세 번째, 성격이 급한 경우입니다. 성격이 급한 아이는 이 말도 하고 싶고, 저 말도 하고 싶어서 정리가 되지 않는다는 특징이 있습니다. 어떤 이야기를 하다가 갑자기 더 재미있는 말이 생각나서 하던 말을 마무리하지 않고 다른 주제로 급하게 넘어가버리기도 합니다. 그리고 한참 시간이 지나고 나서야 '어? 내가 처음에 무슨 말을 했었지?'하는 생각을 하지요. 이런 특징을 가지고 있는 아이들을 위한 세 가지 코칭 비법을 알아볼까요?

1 조리 있게 말하고 싶은 아이

안녕하세요. 저는 OOO입니다.
제 꿈은 축구선수입니다. 축구선수는 축구도 잘하고 멋집니다. 축구는 재미있고 저는 축구교실에 매주 일요일에 갑니다. 가서 축구를 연습하고 골도 넣으면 재미있습니다. 저는 축구교실에 가서 축구랑 배드민턴, 수영도 배웁니다. 저는 골을 더 많이 넣고 싶습니다. 저는 나중에 유명한 축구선수가 되고 싶습니다.
지금까지 제 이야기를 들어주셔서 감사합니다.

실제로 초등학교 2학년 친구가 '나의 장래희망'에 대해 발표한 내용입니다. 우리 아이의 이야기와 비슷하다며 격하게 공감하는 엄마들이 많을 텐데요. 많은 저학년 친구가 하나의 주제에 대해 위와 비슷하게 말하지요. 핵심은 있으나 문장 간의 연관성이 적고, 흐름이 끊길 뿐만 아니라 불필요한 문장도 있습니다. 이런 아이들에게는 말의 구성력을 키워주는 훈련을 하는 것이 좋습니다. 구성력을 키우기 위한 가장 효과적인 방법은 바로 '엄마의 질문'입니다.

아래의 예문을 통해 엄마의 적절한 질문이 아이의 말을 얼마나 조리 있게 만들어 주는지 확인해 볼까요?

> 엄마 : 우리 아들~ 꿈이 뭐예요?
> 아들 : 축구선수요.
> 엄마 : 왜 되고 싶어요?
> 아들 : 축구가 재미있고요. 멋지니까요.
> 엄마 : 축구선수가 되기 위해 어떻게 연습하고 있어요?
> 아들 : 매주 일요일에 축구교실에 가서 축구연습을 해요.
> 엄마 : 연습하면서 언제가 가장 재미있었어요?
> 아들 : 제가 골을 넣었을 때 정말 신나고 재미있었어요.
> 엄마 : 그럼 열심히 연습해서 나중에 어떤 축구선수가 되고 싶어요?
> 아들 : 우리나라에서 최고로 유명한 축구선수가 되고 싶어요.

질문에 따른 대답만 모으면 다음과 같이 재구성 해 볼 수 있습니다.

안녕하세요. 저는 ○○○입니다.
저는 축구선수가 되고 싶습니다.
왜냐하면 축구가 재미있고 멋지기 때문입니다.
매주 축구교실에 가서 축구연습을 하는데요.
연습게임을 하다가 골을 넣으면 정말 신나고 재미있습니다.
저는 열심히 연습해서 나중에 우리나라에서 가장 유명한 축구선수가 될 것입니다.
지금까지 제 이야기를 들어주셔서 감사합니다.

똑똑하게 말하는 아이를 만드는 최고의 방법은 엄마의 현명한 질문이라는 것을 기억해 주세요.

아래의 체크 리스트를 통해 우리 아이가 얼마나 논리적으로 말하고 있는지 확인해 보세요.

☑ 체크 리스트

〈조리 있는 말하기〉

① 우리 아이가 하고자 하는 말의 핵심이 무엇인지 잘 모르겠다. ················ ☐

② 했던 말을 다시 반복해서 하는 경우가 많다. ····························· ☐

③ "어? 내가 무슨 말을 하려고 했지?"라는 말을 자주 한다. ················ ☐

④ "음, 어, 그러니까" 등 불필요한 습관어를 자주 말한다. ················· ☐

⑤ 주제와 전혀 상관없는 말을 할 때가 있다. ····························· ☐

⑥ 한참 이야기를 듣고 나서 뒤돌아보면 '우리 애가 무슨 말을 한 거지?'라는 생각
  이 든다. ··· ☐

⑦ 결론이 없는 이야기를 길게 늘어놓는다. ····························· ☐

⑧ "왜 그렇게 생각해?"라는 질문에 대한 답을 선뜻 말하지 못한다. ········· ☐

⑨ 원인과 결과를 같이 생각하고 설명하기 어려워한다. ···················· ☐

⑩ 자기주장은 있는데 주장을 뒷받침하는 근거가 부실하다. ················ ☐

2개 이하 짝짝! 좋아요.

3개~6개 논리적인 말하기의 방법을 연습하고 활용해 보아요.

7개 이상 전문가의 진단을 받고 체계적으로 논리적 말하기를 배워 보아요.

① 논리를 위한 생각지도 비법

처음에는 잘 말하는 것 같더니 금세 배가 산으로 가서 헤매고 있는 모양새를 보이는 아이들이 많이 있습니다. 때로는 A다음에 B-C-D로 진행되어야 하는 이야기인데 B-C는 훌쩍 뛰어 넘고 D로 바로 넘어가 버리기도 하지요. 이렇게 말하면 이야기의 흐름이 뚝뚝 끊어지고 듣는 사람도 그 이야기에 집중하기 어렵습니다. 이런 현상은 스피치 집중력이 다소 부족하거나 할 말이 너무 많아 정리가 되지 않기 때문에 일어납니다.

말하려는 내용의 핵심 주제를 놓치지 않기 위해서는 '마인드맵'을 활용하면 효과적입니다. 마인드맵은 영국의 토니 부잔이 1960년대 브리티시 컬럼비아 대학원을 다닐 때 두뇌의 특성을 고려해 만들어낸 논리적 사고 기법입니다. 부잔은 일부 사람들에게는 그림과 상징물을 활용해 배우는 것이 훨씬 더 효과적이라는 생각이 들어 '마인드맵'을 고안해 냈다고 합니다.

우리 아이들도 어떤 주제에 대해 할 말을 순차적으로만 생각하다 보면 앞서 어떤 생각을 했는지 잊어버리기 쉽습니다. 기억력에는 한계가 있기 때문이죠. 하지만 마인드맵을 통해 입체적으로 할 말을 구성하다 보면 구성이 머릿속에 이미지로 떠오르게 되며 더 많은 정보를 체계적으로 활용할 수 있습니다.

마인드맵을 그리기 전에 준비 작업이 필요합니다. 주제에 관해 자유롭게 생각할 수 있는 시간을 갖게 하는 것입니다. 예를 들어 '지구 온난화'라는 주제에 대해 이야기할 예정이라면 '지구 온난화'를 떠올렸을 때 생각나는 다양한 단어를 많이, 그리고 빠르게 메모하게 합니다.

자연보호, 종이컵, 농토, 빙하, 해수면, 북극, 일회용품, 배기가스, 환경오염
온실가스, 기후변화, 이산화탄소, 자동차

이렇게 메모한 단어들을 보고 어떤 이야기를 할 수 있을지 생각한 다음 연관 있는 것끼
리 모아놓습니다.

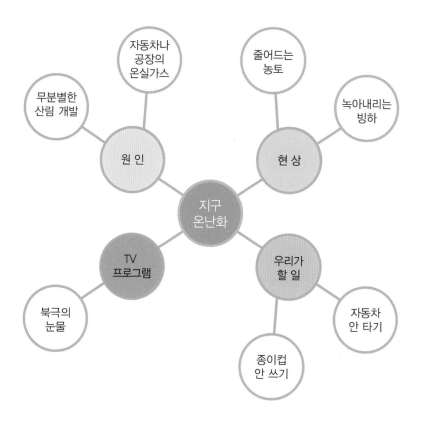

완성된 마인드맵을 머릿속에 그려 놓고 이야기를 풀어나가면 다음과 같이 말할 수
있습니다. 물론 이야기의 흐름이 삼천포로 빠지는 일도 없겠죠?

안녕하십니까?

키즈스피치 마루지 김상우입니다.

여러분, '북극의 눈물'이라는 환경 다큐멘터리를 아시나요? 저는 얼마 전 그 프로그램을 보고 지구온난화에 대해 다시 한번 생각하게 되었습니다. 지구온난화란 환경오염으로 지구의 기온이 올라가는 것을 말합니다. TV 프로그램

자동차나 공장의 온실가스, 그리고 무분별한 산림의 개발 때문에 지구의 녹지가 점점 없어져서 기상 이변이 발생한다고 합니다. 원 인

지구의 기온이 높아져서 빙하가 녹아내리고 해수면이 높아지니 사람이 살아갈 땅도, 곡식을 기를 땅도 없어지게 됩니다. 또 어떤 곳은 나라 자체가 물에 잠기게 되어 국민들이 갈 곳을 잃게 되는 경우도 있다고 합니다. 현 상

그렇다면 지구 온난화를 막기 위해 우리 학생들이 할 수 있는 일은 무엇이 있을까요? 학교에서 물을 마실 때 종이컵 대신 각자 개인 컵을 가지고 다니면서 물을 마시는 방법이 있습니다. 또 가까운 거리는 자동차를 이용하는 것 대신 걸어가거나 자전거를 타는 것도 좋을 것입니다. 우리가 할 일

지구는 후손에게 잠시 빌려온 것이라는 말도 있듯, 우리가 지금 지구를 아끼지 않으면 그 피해는 고스란히 우리에게 돌아올 것입니다. 지구온난화를 줄이기 위해 할 수 있는 일, 실천해보시는 것은 어떨까요?

감사합니다.

② 논리를 위한 동그라미 세모 비법

발표를 시켜보면 어떤 아이는 중요한 말을 앞에서 다 해버리고 그 뒤로는 했던 말을 반복하며 시간만 질질 끌기도 하고, 어떤 아이는 핵심을 말할 생각도 안 하고 서론만 빙빙 돌려 말하기도 합니다. 정리되지 않은 아이의 방처럼 머릿속에서도 할 말이 실타래 엉키듯 꼬여 있는 것 같지요. 이는 어떤 순서로 말해야 할지 정리가 안 되어 있기 때문입니다. 이런 아이들은 발표를 어떻게 시작하고, 본론을 무슨 말로 끌고 가야 할지 훈련하면 좋습니다. 국어시간에 배우는 서론, 본론, 결론의 3단 구성을 활용해 볼까요? 서론, 본론, 결론은 앞으로 할 말, 하고 싶은 말, 했던 말로 생각할 수 있습니다. 이 3단 구성을 도형으로 나타내면 다음과 같습니다.

| 서론 | 본론 | 결론 |

- 서론 : 내가 말하고자 하는 것이 무엇인지 맛보여 주기
- 본론 : 내가 정말 무엇을 말하고자 하는지 말하기
- 결론 : 내가 무엇을 말했는지 요약하기

이때 유념해야 할 것은 다음과 같습니다.

- 서론 : 쉽고 짧게 시작하기
- 본론 : 근거나 예시는 세 가지 정도로 말하기
- 결론 : 핵심을 말하면서 끝맺음 하기

동그라미, 세모, 더블 동그라미 기법으로 '나의 꿈'에 대해 실제로 발표했던 초등학교 2학년 아이의 원고를 살펴볼까요?

안녕하십니까?
키즈스피치 마루지 김민호입니다.
제 꿈은 축구선수가 되는 것입니다.　　　　　　　○　서 론

왜냐하면
첫째, 축구선수 박지성이 골을 넣는 것을 보고 정말 멋있다는 생각을 했습니다.
둘째, 축구교실에서 골을 넣어보았더니 기분이 날아갈 듯 기뻤습니다.
셋째, 유명한 축구선수가 되면 세계 여행도 할 수 있고 돈도 많이 벌 수 있기 때문입니다.　　　　　　△　본 론

그래서 저는 박지성보다 더 유명한 축구선수가 될 것입니다.
감사합니다.　　　　　　◎　결 론

91

2 말끝을 흐리는 아이

"윗집 딸래미는 뭐를 물어보든 그렇게 야무지게 대답하는데,
우리 아들은 웅얼웅얼, 후루룩 말하고 말아버려요. 아이고 속 터져."
"공개수업에서 열심히 손은 드는데, 막상 발표할 때는 마무리가 안돼요."

다른 집 아이와 비교하면 안 된다고 생각은 하지만 막상 야무지게 말하는 옆집 아이를 보면 부러울 때가 있습니다. '저 아이는 무얼 먹고 커서 저렇게 야무질까?'라는 생각이 들지요.

아이에게 학교에서 있었던 일을 물어보면 대충대충 말하고 넘겨버려서 매번 다른 엄마를 통해 학교에서 있었던 일을 전해 듣는 엄마들도 있습니다. 작심하고 말을 시켜보면 무언가 말은 많이 하는데 말의 끝이 후루룩 후루룩 넘어가 버려서 엄마가 봐도 자신 없어 보일 때가 있습니다. 엄마 입장에서는 '학교에서 저러면 친구들이 무시할 텐데…'하는 걱정이 드는 것도 당연합니다. 말끝을 흐리는 습관은 아이의 학교생활에도 많은 영향을 미치기 때문입니다.

말끝을 흐리는 아이들은 똑똑하고 아는 것이 많다 하더라도 친구들이나 선생님은 그 사실을 모르는 경우가 많습니다. 적극적으로 손을 들고 자신의 생각을 말로 표현하지 않고, 말을 시켜도 마무리를 하지 못하고 자리에 앉기 때문에 선생님들 입장에서는 '답을 모르고 있구나'하는 생각이 들지요. 그래서 엄마들이 학교 선생님과 면담을 하다 보면 아이의 그런 모습에 속상해하거나 답답해하는 경우가 많습니다. '알고 있는 것만 표현해도 좋으련만'하는 마음이 드는 것이지요.

아래의 체크 리스트를 통해 우리 아이가 말끝을 흐리는 편인지 확인해 보세요.

〈말끝을 흐리는 아이〉

① 다른 사람들의 눈치를 많이 보는 성격이다. ……………………………… ☐
② 확실하게 알고 있지 않으면 말하지 않으려고 한다. …………………… ☐
③ 엄마나 아빠가 권위적이거나 지시적인 편이다. ………………………… ☐
④ 말머리는 잘 시작했는데 마무리를 못한다. ……………………………… ☐
⑤ 성격이 급한 편이다. ………………………………………………………… ☐
⑥ 대답을 할 때 "그냥"이라는 말을 많이 한다. …………………………… ☐
⑦ 다른 사람의 의견에 쉽게 따르는 편이다. ……………………………… ☐
⑧ 무엇인가를 시작하기도 전에 걱정하는 편이다. ………………………… ☐
⑨ 무엇인가를 결정할 때 고민이 많거나 선택의 어려움을 겪는 편이다. ……… ☐
⑩ 허용적인 조부모님, 부모님이 양육했다. ………………………………… ☐

2개 이하 짝짝! 좋아요.

3개~6개 말끝을 흐리는 경향이 있어요.

7개 이상 전문가의 진단을 받고 체계적인 스피치 훈련을 받아 보아요.

① 우물쭈물하지 않기

우물쭈물하며 말을 끌고 가는 아이들이 있습니다. 이런 아이들은 이래도 좋고 저래도 좋은 유한 성격을 가지고 있는 경우가 많습니다. 이런 성격 때문에 상대방의 눈치를 살피고 '잘못 말하면 어쩌나'하는 생각에 하고 싶은 말이 입에서만 뱅글뱅글 돌고 밖으로 나오지 않아서 우물쭈물하게 됩니다. 그런 아이들에게 "뭐가 어쨌다고? 제대로 말 좀 해 봐!"하고 재촉하면 아이는 이렇게 대답하지요.

"그냥, 오늘 선생님이 글씨 못쓴다고…"
"그래서 알림장이 지렁이 같다며…"
"내일까지 엄마 싸인… 받아서…"
"여기…"

나무관세음보살을 열 번을 되뇌어도 엄마의 답답한 마음이 쉽게 가라앉지 않습니다. 이런 습관은 학교 발표시간에도 별반 다르지 않습니다.

"지구 온난화로 얼음이 녹기 때문에 땅이 많이 없어져…"
"지구 온난화를 막기 위해 종이컵을 쓰지 않는…"

하고자 하는 말에 핵심은 있으나 문장을 완성하지 못합니다. 아이는 얼른 들어가고 싶다는 생각에 말끝을 대충 얼버무리고 말지요. 그리고 '이 정도만 말해도 뜻은 다 통하겠지?'라는 생각을 하며 자신을 위로합니다. 이렇게 말끝을 흐리는 습관이 반복되면 우유부단하고 소심한 아이로 비춰질 수 있습니다. 또한 발표수업이나 면접시험에서 '자신감이 없는 아이'라는 이미지로 굳어지기도 합니다.

온라인 취업포털 'S'사에서 기업의 인사담당자를 대상으로 "면접에서 지원자의 무의식적인 버릇이 평가에 부정적인 영향을 미칩니까?"라고 질문한 결과, 86.6%가 '그렇다'라고 답했다. 가장 부정적인 영향을 미치는 지원자의 버릇 1위는 바로 26.7%로 '말끝 흐리기'였고, '시선회피'(25.9%)와 '다리 떨기'(13.4%)가 바로 뒤를 이었다.

[뉴스한국 2012.06.13(수) 기사 발췌]

　　요즘은 초등학교 방송반이나 동아리에 들어가기 위해서 간단한 면접시험을 통과해야 하는 학교도 많이 있습니다. 방송반에 지원한 이유나 동아리에서 꼭 해보고 싶은 일 등에 관한 질문을 받고 대답을 해야 하지요. 이때 후루룩 대충 말하는 아이보다 정확하게 말을 끝맺는 아이의 인상이 더 좋고 야무지게 보이는 것은 당연한 일일 겁니다. 게다가 각 지역 교육청이나 대학교의 영재원에 들어가거나 국제중, 특목고에 입학하기 위해서도 까다로운 면접을 통과해야 하니 우리 아이들의 미래를 위해서도 말끝을 마무리하는 언어습관은 매우 중요합니다. 흐려지는 말끝을 바로잡기 위해서는 다음의 세 가지 훈련을 하면 도움이 됩니다.

▶ 첫째, '제가 생각할 때는~'이라는 말로 시작하기

　　'제가 생각할 때는~' 등의 시작하는 말을 하는 동안 조금이라도 생각할 시간을 벌기 위해서입니다. 이 말을 하는 동안 핵심문장은 어떻게 만들고, 그 다음에 근거를 어떻게 말할지 머릿속에서 빠르게 정리할 수 있습니다. 이렇게 첫 말을 여유롭게 시작하면 마지막까지 흐름을 놓치지 않을 수 있는 심리적인 안전장치가 만들어집니다. 다음의 질문을 통해 아이에게 연습시켜 봅시다.

1. 환경보호를 실천하는 방법에는 무엇이 있을까?
2. 친구와 사이좋게 지내기 위해서는 어떻게 해야 할까?

▶ 둘째, 질문을 반복해서 말하기

어떤 질문을 받았는데 그 답이 퍼뜩 정리되지 않을 때가 많습니다. 그럴 때 우리 아이들은 당황해서 "아..그..저.." 세 단어만 더듬거리는데요. 이때, 우물쭈물하지 않기 위해서는 질문을 반복해서 말하는 것이 많은 도움이 됩니다. 예를 들어 "줄임말이나 인터넷 용어를 쓰면 안 되는 이유가 뭐라고 생각해요?"라는 질문을 받은 경우에는 "네, 줄임말이나 인터넷 용어를 쓰면 안 되는 이유는~"이라고 한 번 더 반복해서 말하거나 "네, 요즘 학생들이 줄임말이나 인터넷 용어를 많이 쓰고 있는데요. 제 생각에는~" 등 조금 바꾸어 말할 수 있도록 하는 방법이 좋습니다. 다음의 질문을 통해 아이와 함께 연습해 봅시다.

> 1. 줄임말이나 인터넷 용어를 쓰면 안 되는 이유가 뭐라고 생각하니?
> 2. 용돈을 잘 쓰는 방법에 대해 알고 있니?

▶ 셋째, 다양한 어미로 마무리 훈련하기

의견에 대해 말을 할 때에는 "~때문이라고 생각합니다"라고 정리하는 것이 보통입니다. 그러나 단답형이 아니라 조금 더 길게 자신의 의견을 이야기해야 하는 상황에서는 "~때문이라고 생각합니다"라는 말을 계속 반복하게 되면 상대방이 지루해하거나 집중해서 듣지 않을 수도 있습니다. 단조로움을 피하기 위해 다양한 어미를 활용해서 문장을 마무리하는 연습을 합시다.

> ~라고 생각합니다.   ~가 아닐까 짐작합니다.
> ~가 있다고 생각합니다.   ~입니다.
> ~때문이라고 여겨집니다.   ~때문이 아닐까요?
> ~에 원인이 있다고 생각합니다.   ~가 문제라고 생각합니다.

문장을 바꾸어 말하는 연습을 하면 어미에 대한 자신감이 붙어 흐려지는 말끝을 명확히 하는 데 도움이 됩니다. 아이에게 다음의 질문을 하고 다양한 어미를 활용해 대답할 수 있도록 도와주세요.

> 1. 겨울철 건강을 지킬 수 있는 습관에는 무엇이 있을까?

② '그냥'이라고 말하지 않기

엄마 : 상우야! 오늘 학교에서 수행평가 봤다며?
상우 : 네.
엄마 : 어땠어? 어려웠니?
상우 : 그냥, 뭐…
엄마 : 공부한 것 중에 나왔어?
상우 : 그냥. 대충…
엄마 : 그냥이 뭐야? 다른 애들은 어땠는데?
상우 : 그냥… 비슷해요.

뭐만 물어보면 습관적으로 '그냥'이라는 말이 튀어나오는 아이들이 있습니다. 아이들이 대충 말하고 넘기는 데에는 크게 두 가지 원인이 있습니다. 첫째는 어떻게 대답해야 좋을지 모르는 경우이고, 둘째는 말하는 것이 귀찮은 경우입니다.

무슨 말을 해야 할지 모르는 아이들은 머릿속으로 망설이다가 '에잇, 그냥이라고 하자'하고 포기해버리고 맙니다. 이런 특성을 가진 아이에게는 '왜?'라는 생각을 많이 하게 하고, 그 이유를 말로 표현하는 연습이 필요합니다. 이때 엄마는 침착하고 끈질기게 아이의 생각을 물어봐야 합니다.

아이 : 엄마! 장난감 사주세요.

엄마 : 갑자기 웬 장난감?

아이 : 그냥.

엄마 : 왜?

아이 : 그냥. 갖고 싶으니깨!

엄마 : 그냥이 어디 있어? 그냥 말고 왜?

아이 : 그냥 하나만 사주세요.

　　아이 입장에서는 장난감이 갖고 싶은 100가지 이유가 있지만 그것을 어떻게 다 설명해야 할지 모르겠어서 "그냥"이라는 말로 쉽게 포기해 버린 경우입니다. 그런데 엄마가 자꾸 왜냐고 물어보니 어떤 말을 어디에서부터 시작해야 할지 감을 못 잡고 있습니다. 이럴 때 엄마는 "왜?"라는 말로 인터뷰하며 도와주는 것이 좋습니다. 아래의 대화를 참고해 보세요.

아이 : 엄마! 장난감 사주세요.

엄마 : 장난감을 갖고 싶구나? 그런데 왜 갑자기 장난감 생각이 났을까?

아이 : 저기 저 아이가 내가 원했던 장난감을 갖고 있어요.

엄마 : 그래? 저 장난감이 뭔데?

아이 : 저건 OO인데요. 카드랑 같이 가지고 놀면 변신도 되고 합체도 되는 거예요.

엄마 : 그런데, 너는 그게 왜 좋아 보여?

아이 : 우리 반 친구들이 다 가지고 있고요. 완전 멋져요!

엄마의 질문을 빼고 아이 말만 정리해 보면 다음과 같습니다.

"엄마. 저 장난감이 갖고 싶어요. 저기 저 아이가 가지고 노는 장난감인데요.
카드랑 가지고 놀면 변신도 되고 합체도 되는 거예요.
우리 반 아이들도 다 갖고 있어요. 하나 사주시면 안 될까요?"

'그냥'이라는 말이 빠지면서 제법 논리적으로 주장하는 말로 완성되었습니다. 이때 아이가 이렇게 표현할 수 있는 데에는 엄마의 역할이 아주 중요합니다. 적절한 질문, 차분히 기다리는 태도가 필수적이지요. 다음의 주제에 대해서도 '그냥'이 아닌, 세 가지 이유를 생각하게 하고 끝까지 들어 보세요. 만약 아이가 마땅한 이유를 생각하지 못한다면 엄마가 자연스럽게 힌트를 주며 아이 스스로 생각할 수 있도록 여유를 두고 질문해 주세요.

[주제]

1. 초콜릿을 좋아하는 이유가 무엇이니?

2. 친구를 배려해야 하는 이유가 뭐라고 생각해?

3. 편식하면 안 되는 이유가 뭘까?

1. 초콜릿을 좋아하는 이유가 무엇이니?

첫째, 달콤하기 때문에

둘째, 먹으면 기분이 좋아지기 때문에

셋째, 다른 친구가 먹고 있는 것을 보았더니 부러운 마음이 들었기 때문에

2. 친구를 배려해야 하는 이유가 뭐라고 생각해?

첫째, 친구가 도움이 필요한 상황이기 때문에

둘째, 나에 대해 좋은 감정이 들기 때문에

셋째, 언젠가는 나도 배려를 받을 날이 올 수 있기 때문에

3. 편식하면 안 되는 이유가 뭘까?

첫째, 키가 안 자랄 수 있기 때문에

둘째, 필요한 영양소가 없으면 병에 걸리기 때문에

셋째, 골라내며 먹는 것은 식사 예절이 아니기 때문에

이렇게 세 가지로 이유를 생각하는 연습을 하면 다양한 질문에 대해서 대답하는 패턴이 만들어지고 아이가 질문을 두려워하지 않게 됩니다. 이 연습을 할 때 엄마의 역할은 여유롭게, 그리고 진실하게 아이의 생각을 궁금해하면서 차근차근 물어보는 것입니다. 스스로 '왜'에 대해 생각하고 정리하여 말할 수 있는 기회를 주는 것만으로도 우리 아이의 '그냥 병'이 사라질 수 있습니다.

두 번째로 '그냥'을 입에 달고 사는 아이 중에는 정말 '귀찮아서' 길게 설명하기 싫은 경우가 있습니다. 귀차니즘에 빠진 아이들은 엄마가 물어보는 주제에 관심도 없고 정성 들여 대답하는 것도 싫어합니다. 자기가 좋아하는 분야가 아닌 이상 엄마가 물어보는 것에 대해 생각하려 하지 않습니다. 이런 경우에는 호들갑스러운 리액션이 필요합니다. "어머, 그랬어?", "웬일이니?", "그랬구나!" 등 과장된 표현을 하다 보면 아이가 관심을 가지게 되고 자기의 이야기를 하고 싶어 하지요.

엄마 : 상우야, 오늘 학교에서 하는 학예회 어땠어?

상우 : 아, 그냥 그랬어요.

엄마 : 너희 1학년은 노래했었지? 엄마가 봤는데, 정말 멋지더라! 대박!
　　　 엄마가 박수를 제일 크게 쳤지.

상우 : 근데, 3학년 형들이 태권도 했던 것도 보셨어요?

엄마 : 맞다, 맞다! 그 아이들이 3학년이었어? 진짜 검은띠 같던데? 진짜는 아니지?

상우 : 진짜는 아니고요. 가짜기는 한데요. 격파도 하고 정말 멋있었어요.
　　　 우리도 노래할 때 목소리가 제일 크다고 칭찬 받았어요.

엄마 : 어머머, 그랬구나! 어쩐지 상우 목소리가 제일 뒤에서도 잘 들리더라고. 입
　　　 도 크게 잘 벌리고! 정말 잘했어! 멋진 무대 보여줘서 고마워! 엄마가 진짜
　　　 뿌듯하더라!

오버스럽다 할 정도로 아이의 말에 '물개박수'와 '폭풍칭찬', '엄지 척'까지 엄마가 할 수 있는 모든 호들갑을 다 활용해서 리액션을 해봅시다. 처음에는 어색하겠지만 점점 적응하다 보면 아이들은 자신이 말을 잘한다고 생각을 하고 엄마를 더 재미있게 만들어 주고 싶다는 의지에 불타오르게 됩니다. 그 순간 아이의 논리력과 언어력이 발달하게 되지요. 끝까지 듣고 환상의 리액션을 하며 "이야기 잘 해줘서 고마워. 네 생각이 엄청 궁금했거든"하며 독려해 주는 것도 잊지 마세요. 아이를 발전시키는 것은 결국 엄마의 의지랍니다.

3 떼쓰고 우기는 아이

엄마 : 승주야! 오늘 숙제는 다 했니?

승주 : 아니요. 오늘 친구랑 축구하기로 해서…

엄마 : 그래서 숙제를 안 하겠다고?

승주 : 축구하고 와서 할게요.

엄마 : 그런 게 어디 있어? 축구하고 들어오면 밥 먹을 시간이고, 그 다음엔 피곤
　　　하고 졸려서 숙제가 눈에 들어오기나 하겠냐고. 그게 말이 되니?

승주 : 아니에요. 다 할 수 있어요!

엄마 : 안 돼! 숙제는 무조건 하고 가야 해. 이렇게 한 번 두 번 안 하기 시작하면
　　　나중에는 반에서 꼴찌 한다, 너! 숙제해야 내보내 줄 거야! 엄마 말 들어!

승주 : 싫어요, 싫다고요! 가서 놀다 올 거예요!

엄마는 아이를 설득했을까요?

아이는 엄마에게 설득 당했을까요?

결론적으로 엄마는 승주를 설득하지 못한 채 강요로 끝났고, 승주는 엄마에게 실망
하고 떼쓰기로 작전을 바꾸었습니다.

아래의 체크 리스트를 통해 우리 아이가 떼를 쓰는 편인지 확인해 보세요.

✓ 체크 리스트

〈떼쓰는 아이〉

① 고집이 센 편이다. ·· ☐
② 말보다는 몸으로 표현하는 것을 좋아한다. ···················· ☐
③ 엄마나 아빠가 아이의 말을 잘 들어주지 않는다. ············ ☐
④ 아이가 말을 잘 들으면 엄마나 아빠는 물건으로 보상을 하는 편이다. ····· ☐
⑤ 보상이 일관적이지 않고 수시로 바뀐다. ······················· ☐
⑥ 자존심이 세서 지는 것을 싫어한다. ····························· ☐
⑦ 다른 사람의 감정을 쉽게 알아차리지 못한다. ················ ☐
⑧ '누구 때문에'라는 말을 잘 쓴다. ································· ☐
⑨ 엄마에게 존댓말을 쓰지 않는다. ······························· ☐
⑩ 화를 잘 참지 못하고 '욱'하는 성격이다. ······················ ☐

[2개 이하] 짝짝! 좋아요.
[3개~6개] 분노조절을 어려워하는 경향이 있어요.
[7개 이상] 전문가의 진단을 받고 체계적인 커뮤니케이션 훈련을 받아 보아요.

이때, 엄마가 하는 가장 큰 실수는 어떻게든 아이를 설득해야 한다는 마음에 의욕이 앞섰다는 것입니다. 흔히 하는 엄마의 실수를 알아볼까요?

▶ 첫째, 무조건적인 강요

"무조건 하고 가야 해"라는 말은 타협을 할 여지도 없이 무조건 하나의 방법만 있다는 일방적 강요입니다. 승주는 어떻게 하면 숙제를 나누어 할 수 있을지 다양한 방법을 구상했을 수도 있는데, '무조건'이라는 말은 그 생각을 꺼내지도 못하게 만들었지요.

▶ 둘째, 대가성 허락

"숙제해야 내보내 줄 거야!"라는 말은 무엇을 수행하면 요구를 들어주겠다는 말이죠. 대가를 지불하고 목적을 달성하는 설득입니다. 물론 적절하게 사용하면 효과적인 설득이 될 수 있지만, 어린 아이의 경우 이 방법에 익숙해진다면 다음에 다른 무엇을 할 때에도 자동적으로 '그럼 저한테 무엇을 해주실 건데요?'라며 대가를 요구하게 될 것입니다. 결국에는 그 보상이 점점 더 커져야만 설득이 가능한 상황이 올 수도 있습니다.

▶ 셋째, 듣기의 부재

설득하는 엄마가 너무 많은 말을 한다면 설득을 당하는 아이는 기본적으로 자존심이 상하기도 하고, 엄마의 요구에 불만도 있기 때문에 적대적인 태도를 가질 수밖에 없습니다. 그 마음을 풀어주기 위해서는 설득을 당하는 사람이 말을 더 많이 해야 합니다. 말을 하면서 자신의 생각을 정리하거나 자신의 논리가 맞지 않는다는 것도 깨닫게 됩니다. 그러면서 마음이 열리고 상대의 주장을 귀담아 들으려 하는 순간이 오지요. 그러나 설득을 하는 사람이 더 많은 말을 한다면 설득을 당하는 사람은 할 말이 쌓이고 엉켜서 대화를 포기해 버리거나 화를 낼 수도 있습니다. 그래서 설득을 할 때는 7 : 3의 법칙을 기억하셔야 합니다. 듣기는 7, 말하기는 3. 먼저 아이가 하고자 하는 말을 잘 들어주세요.

그럼 엄마가 승주를 설득하기 위해 해야 할 말을 연습해 봅시다.

엄마 : 승주야! 오늘 숙제는 다 했니?

승주 : 아직이요, 그런데 엄마, 영어, 수학 숙제 오늘 다 해야만 하나요?

엄마 : 왜? 숙제가 많니?

승주 : 아니요. 그게 아니고요. 오늘 친구랑 축구하기로 해서…

엄마 : 그랬구나. 날씨도 좋은데 축구하면 정말 신나겠네. 그럼 숙제는 어떻게 할
　　　 생각이니?

승주 : 안 한다는 게 아니고요. 축구 먼저 하고 와서 하면 안 될까요?

엄마 : 축구를 한 두 시간 하고 들어와서 밥 먹고 씻으면 피곤할 텐데, 몸이 힘들면
　　　 숙제하는 시간도 더 걸릴 거고, 네가 숙제를 잘 못해가서 선생님께 혼나는
　　　 일이 생기면 엄마도 마음이 많이 무거울 거야. 다른 방법은 없을까?

승주 : 그럼 제가 숙제를 반 정도 하고 나가서 축구를 하고 올게요. 두 시간이 아니라
　　　 한 시간만 하고 얼른 들어와서 나머지 숙제를 하면 피곤하지 않을 거예요.

엄마 : 그것도 좋은 생각인데 또 다른 방법은 없을까?

승주 : 아니면, 친구들에게 숙제할 것을 가지고 집으로 오라고 해서 함께 숙제를 다
　　　 한 후에 같이 나가서 한 시간만 놀다 올까요?

엄마 : 그래, 둘 다 좋은 방법인 것 같다. 네가 결정해서 잘 해봐!

승주 : 네!

　아이가 가방도 팽개치고 마음은 벌써 놀이터에 나가 있는데 위의 대화처럼 이성을
찾고 응대하는 것이 쉽지만은 않습니다. 하지만 엄마의 현명한 질문과 공감 덕분에
승주는 자신이 주도적으로 선택했다는 기쁨을 누릴 수 있고, 엄마도 아이의 숙제를
포기하지 않을 수 있게 되었습니다.

① 떼쓰기 해결방법

아이 : 이거 가지고 갈래!

엄마 : 장난감은 수업할 때 필요 없어.

아이 : 그래도 가지고 갈래!

엄마 : 왜 그래? 안 되는 거랬지!

아이 : 싫어! 가지고 가고 싶어! 가지고 갈 거야!

엄마 : 휴~ 정말, 못살겠다.

　한번 떼를 쓰기 시작하면 물불 안 가리고 '떼쓰기'에 집착하는 아이들이 있습니다. 절대 하기 싫거나, 꼭 갖고 싶거나, 혹은 지금 당장 하고 싶은 것 등이 있을 때 아이들은 단단한 돌덩이가 되어 엄마를 괴롭힙니다.

떼를 쓴다는 것은 전문용어로 '분노발작(Temper Tantrum)'이라고 하는데, 외부의 통제와 자기의 욕구 사이에서 일어나는 갈등과 분노의 표현입니다. 이 증상은 만 2세 정도부터 심하게 나타날 수 있습니다. 장소나 시기, 주위 환경에 무관하게 나타나며 소리를 지르거나 물건을 집어 던지거나 때로는 바닥에 벌렁 누워 심하게 우는 행동으로 나타납니다. 유아기 때에는 이렇게 몸으로 떼를 쓰는 행동이 주로 나타나고, 청소년기로 접어들면서 복잡한 원인과 다양한 현상으로 나타날 수 있습니다.

영유아기에 떼쓰는 상황을 부모가 현명하게 종료시켜주지 못했다면 초등학생이 되어서도 떼쓰기는 아이들의 무기가 될 수 있습니다. 경험도 많아졌고 생각도 많아졌으니 떼쓰기도 더 강력해졌다는 것을 알아두어야 합니다. "싫다고!"하며 소리를 지르기도 하고 문을 쾅 닫고 자기 방으로 들어가기도 하고 혹은 몇 시간동안 말을 안 하고 버티는 경우도 있습니다. 또 일기장에 험한 말이나 욕을 써놓기도 하고, 형제자매끼리 부모의 험담을 하기도 합니다.

이런 떼쓰기에 대처하는 엄마의 현명한 자세는 살아있는 부처가 되는 것입니다. 우리 아이에 대한 욕심을 버리고 '3인칭 관찰자 시점'이나 '전지적 작가 시점'에서 아이를 대하려고 노력해야 합니다. 엄마도 같이 화를 내면 화르르 불이 붙어 결국 둘 다 상처받는 상황으로 막을 내리게 된다는 것은 경험으로 익히 알고 있을 것입니다. '내가 좀 참을 걸'하고 후회하지 말고 일단 마음속으로 10을 세며 심호흡을 하고 마음을 가라앉혀 보세요.

유체이탈 상태가 준비되었다면 다음의 순서에 따라 대화를 시작해 봅니다.

[떼쓰는 아이와 현명하게 대화하는 5단계 방법]

1단계 : 아이의 감정 인정해 주기

"그랬구나, 오늘은 이거 할 기분이 아니구나? 그럴 수 있겠다"

"그랬구나, 이게 지금 당장 갖고 싶은 거구나? 그럴 수 있겠다"

2단계 : 아이에게 스스로 감정 정리시키기

"얼마나 하기 싫은 거야?"

"얼마나 갖고 싶은 거야?"

3단계 : 상황 알리기

"모든 사람들이 너와 약속을 지키려고 기다리고 있는데?"

"그 장난감을 사기로 한 게 아니어서 엄마가 돈을 준비하지 않았는데?"

4단계 : 계획 세우기

"그럼 모두에게 피해주지 않는 방법은 어떤 게 있을까?"

"그럼 좋은 방법은 어떤 게 있을까?"

5단계 : 과정에 대한 칭찬하기

"이해하기 어려웠을 텐데, 그렇게 말해줘서 고마워"

"그런 생각하기 어려웠을 텐데, 들어줘서 고마워"

징징거리는 아이에게 차분히 말을 건넨다는 것은 참 어려운 일입니다. 엄마가 뭐라고 하는지 듣지도 않고, 몸을 치대고 얼굴을 돌리거나 절레절레 머리를 흔들어 보이기도 하지요. 엄마에게 설득당할까 봐 걱정이 되는 아이의 거짓 행동입니다. 엄마는 아이의 이런 행동에 속지 말고 지속적으로 차분히 이야기해 주어야 합니다. 부드러운 음성으로 "엄마 눈 봐봐! ○○이 그랬구나?"하며 끝까지 다독여 주세요. 이렇게 해결되는 아이들은 비교적 차분한 아이들의 경우입니다.

극도로 흥분하는 아이들에게는 위의 단계를 적용시키기 어렵습니다. 물건을 던지거나 밀치거나 하는 등 과격한 행동이 나타나면 먼저 위험 상황으로부터 아이를 보호해야 합니다. 꼭 끌어안고 다리로 몸을 감싸 안아 등을 토닥거리며 심호흡을 유도합니다. 그리고 그렇게 소리 지르고 던져도 상황은 아무것도 변하지 않는다는 것, 말로 표현하기 전에는 그 어떤 마음도 엄마 혹은 다른 사람이 정확히 알 수 없다는 것을 낮은 음성으로 단호하게 이야기해 주어야 합니다. 또 물건을 던지거나 다른 사람에게 해코지를 하는 등의 공격적인 행동은 절대 해서는 안 되는 것이고, 그렇게 할수록 너의 진심이 과격한 행동에 가려지는 안타까운 일이 벌어진다는 것도 말해주어야 합니다. 이후에 상황이 종료되면 위의 1단계부터 차근차근 시작해 봅니다.

이때 부모는 아이의 눈을 부드럽지만 단호한 느낌으로 바라보아야 하고, 각 질문에 해당하는 아이의 대답에는 차분히 고개를 끄덕이며 경청하고 있다는 모습을 반드시 보여야 합니다. 가끔 "그랬구나", "그렇게 생각할 수 있겠다", "그런 생각이었구나"라는 말로 대화에 기름칠을 해 줄 필요가 있습니다. 그리고 아이가 말하고 있는 중간에 "그런데 말야"하고 말을 자르거나 바로 반박하지 않아야 합니다. 이런 엄마의 행동이 반복될 경우, 아이는 마음을 닫고 '그럼 그렇지'하는 관조적인 태도로 변하게 됩니다.

특히 '4단계 계획 세우기'에서는 아이의 이야기를 많이 들어주고 공감해 주는 것을 통해 '떼쓰기'가 '말하기'로 변하는 경험을 스스로 느끼게 하는 것이 무엇보다 중요합니다. 떼쓰기에 맛들이지 않고 대화의 즐거움을 느끼게 하는 것이 떼를 쓰는 아이에게는 최고의 명약이라는 것을 기억해 주세요.

[떼쓰는 아이에게 하면 안 되는 말]

1. 넌 맨날 떼만 쓰니? 떼쟁이구나!

2. 어쩜 너는 말귀를 못 알아듣니?

3. 넌 누굴 닮아 그렇게 말이 안 통하니?

4. 너 때문에 못살겠다.

5. 어머, 어머, 얘가 왜 이래? 정말! 못 봐주겠다.

6. 사람들이 쳐다보고 있는데 창피하지도 않니? 남부끄러워서 원~

② 우기기 해결방법

"우리 아이는 툭하면 친구랑 싸워요."
"우리 아이지만 좀 얄밉게 말하는 것 같아요."
"자기 말만 옳다고 우겨서 친구들이 싫어해요."

친구들과 놀면서 자주 마찰이 일어나는 아이를 보고 속상한 엄마들이 많습니다. '저기서 저렇게 말하면 안 되지', '어휴~ 나 같아도 같이 놀기 싫겠다!'하는 생각도 듭니다.

친구와 말다툼을 한다는 것은 우리 아이가 성장하고 있다는 증거입니다. 아이 나름의 주장이 생기고 다른 친구들과 의견을 조율하기 위해 발생하는 자연스러운 과정이지요. 다만 어떤 식으로 친구와 의견을 조율하고 내 편으로 만드는가를 잘 지켜봐야 하는데요. 이때 학습하게 되는 타협과 화해의 방법이 아이의 첫 사회생활을 성공적으로 시작할 수 있는 결정적 요소가 될 수 있기 때문입니다. 어른들의 사회에서는 각기 다른 이해관계에 의해 다양한 방법으로 설득이 일어날 수 있지만 아이들의 경우에는 복잡한 기술보다는 담백한 방법이 훨씬 효과적입니다.

우리 아이들의 갈등 상황을 들여다볼까요?

상우 : 선생님이 정리하라고 했잖아.

지은 : 나보다 네가 더 많이 만진 거니까 네가 치워.

상우 : 너도 가지고 놀았잖아!

지은 : 내가 언제? 몇 분? 몇 초에?

상우 : 몰라! 하여튼 네가 만지는 거 나도 봤어! 너 때문에 우리 다 혼날 거야!

어른들이 보기에는 유치하기 짝이 없다고 느껴지는 상황이지만 아이들 입장에서는 한없이 진지하고 중요한 일입니다. 상우는 깨끗한 반을 위해 나름의 의견을 제시했는데, 바로 반박 당했기 때문에 기분이 나쁩니다. 게다가 확실한 증거도 없이 우기기를 시작하는 지은이에게 화가 나기도 합니다. 이런 경우, 상우가 지은이를 설득하는 방법을 4단계로 나누어 생각해 봅시다.

▶ 1단계 : 칭찬의 힘을 믿어봐!

설득의 기술 중 하나인 상호성의 법칙에 의하면 상대방에게 무언가를 받았을 때 은연중에 보답을 해야 한다고 생각하게 됩니다. 무료 시식코너나 간단한 사은품을 제공받으면 고맙고 미안한 마음에 불필요한 것도 살 확률이 높아지는 이유가 여기에 있습니다.

칭찬은 돈을 안 들이고도 상호성의 법칙을 활용할 수 있는 좋은 설득의 기술입니다. 모든 사람은 자신의 행동이나 말, 심지어 외모나 작은 습관에 대해 칭찬과 비슷한 말만 들어도 괜히 기분이 좋아지기 때문입니다. 설령 빈말이라 하더라도 결과는 변하지 않지요. 상우가 지은이를 설득하기 위해서 칭찬을 한다면, 지은이는 상우에게 은연중에 고마운 마음을 느끼고 호감이 생기게 됩니다. 만약 상우가 지은이에게 다음과 같이 말했다면 상황은 달라졌겠지요.

"선생님이 청소하라고 하셨는데, 너도 도와줄래? 너 정리하는 거 완전 잘하잖아."

칭찬은 고래도 덩실덩실 춤을 추게 만든다는 말을 기억하세요.

▶ 2단계 : 메아리가 되어봐!

"야호! 야호~ 야호~ 야호~"

높은 산에 올라가서 외치는 소리가 메아리가 되어 다시 돌아옵니다. 설득을 할 때에도 메아리처럼 상대의 이야기를 그대로 따라 하는 방법이 있습니다.

"아~ 너보다 내가 더 많이 가지고 놀았다고 생각하는구나?"라고 상대의 말을 그대로 따라 할 경우, 그렇게 말하는 동안 반박할 거리나 해결 방법을 생각할 수 있는 시간을 벌게 됩니다. 그리고 한층 논리적이고 신중한 사람이라는 이미지를 심어 줄 수 있습니다. 또한 상대방은 자신이 한 말을 다시 한 번 들으면서 지나치게 억지스러운 부분은 없는지, 논리적으로 맞는 말인지를 고민할 수 있습니다. 게다가 상대방의 이야기를 잘 듣고 있었다는 것을 확인시킴으로써 신뢰를 쌓을 수도 있습니다. 대부분의 사람은 누군가 자신의 말을 따라 하는 것을 보며 심리적으로 자신이 깊은 이해를 받고 있다는 느낌을 갖게 되기 때문이지요.

▶ 3단계 : '너 때문에!'가 아니라, '내 마음은~'이라고 표현해봐!

"너 때문에 우리가 다 같이 혼날 거야."
"네가 먼저 그러니까 나도 그랬지."
"네가 늦게 하니까 우리가 꼴찌야."

'너 때문에'라는 말은 글러브만 끼면 링 위에 올라가도 될 만큼 서로의 마음에 상처를 주는 말입니다. 아이들은 자신의 감정에 충실하여 어떤 말이 상대에게 상처를 주는지 확인하지 못하고 내뱉을 때가 있습니다. 특히 요즘 학교에서 모둠 토의를 할 때 친구들의 여러 의견을 조율해야 하는 경우가 많은데 자기주장이 강하거나 배려있는 말을 연습하지 못한 아이는 눈앞의 목적만 생각하고 말실수를 저지르는 경우가 많습니다. 이때 아이 메시지(I-message) 기법으로 의사전달을 하면 이런 실수는 줄어들 수 있습니다. "너 때문에!"가 아니라 "이런 일이 생겨서 내 마음이 정말 속상해!"로 표현하게 합니다.

"너 때문에 우리가 다 같이 혼날 거야"
→ "우리가 다 같이 혼날 것 같아서 정말 속상해"

"네가 먼저 그러니까 나도 그랬지"
→ "네가 그렇게 말하니까 정말 속상하다"

"네가 늦게 하니까 우리가 꼴찌야"
→ "난 늦게 하면 마음이 불안해"

다른 사람들 앞에서 자신의 잘못이 드러나는 것을 상관없어하는 사람은 없을 것입니다. 잘잘못을 따지며 콕 집어서 '너 때문이야!'하기보다 결과적으로 이렇게 되어 본인이 속상하다는 마음만 표현할 수 있도록 해 주세요.

이지은 선생님

도와주세요!

Q 엄마의 질문

우리 아이는 "왜 그렇게 생각해?"하고 물어보면, "아~ 됐어요! 그냥 안 할게요"하며 하고 싶은 것도 포기해 버려요.

A 선생님의 답

그동안 어머님은 아이에게 설득 당해본 적이 있으신가요? 아마 없을 겁니다. 어머님께서 아이에게 설득할 수 있는 기회를 주셨는지 다시 한번 곰곰이 생각해 보세요. 밥 먹기 전에 과자를 먹어도 되는지, 엄마가 골라주신 옷 대신 본인 마음에 드는 옷을 입어도 되는지, 저녁밥을 먹고 숙제를 해도 되는지 우리 아이는 끊임없이 엄마에게 질문했을 겁니다. 하지만 엄마의 답은 어땠을까요?

"안 돼!", "엄마가 말했지?", "일단 엄마 말 들어"라며 아이에게 엄마를 설득할 수 있는 기회를 빼앗아 버리지는 않으셨나요? 혹은 "그런데 말이야, 엄마가 생각할 때는 그것보다 이게 더 좋은 것 같아. 왜냐하면 첫째, 둘째, 셋째, 맞지? 엄마 말이 맞잖아! 그거 봐! 엄마 말 들으면 자다가도 떡이 나와요" 등의 너무나 논리적인 이야기로 아이의 기를 죽이진 않으셨나요? 우리 아이들은 아직 설득을 완벽하게 하지 못하고 반박도 어렵습니다. 자신이 무엇을 원하는지 생각하고 어떻게 표현해야 할지 배워가고 있습니다. 이런 과정에서 어설픈 논리로 주장을 하기도 하고, 앞뒤가 맞지 않는 이야기로 설득하기도 합니다. 비록 지금은 짜임새가 부족한 논리이지만 엄마가 진심으로 들어주고 설득에 성공해 본 경험이 생긴다면 아이는 그 다음에 더 효과적인 설득을 위해 더 많은 고민을 하지 않을까요?

"우와~ 그렇게 차분하게 설득하니까 엄마가 마음이 흔들리네!"

"다른 이유들이 뭐가 있을까? 세 가지만 그럴듯하게 이야기하면 정말 넘어 갈 것 같아!" 등의 말로 추임새를 넣어 주는 것은 서비스겠죠.

설득을 당해 주는 센스, 우리 아이를 설득의 대가로 만드는 엄마의 첫 걸음 입니다.

 우리 아이는 독서량이 부족한데, 논리적인 말하기를 할 수 있을까요?

 네, 할 수 있습니다!

물론, 독서는 논리적인 말하기뿐 아니라 모든 말하기의 재료를 얻기에 더할 나위 없이 좋은 활동입니다. 책 안에서 간접적인 경험도 하고 책을 읽어 내려가며 다양한 어휘도 습득할 수 있기 때문이죠. 하지만 독서량이 조금 부족하다고 해서 논리적인 사고를 못하는 것은 아닙니다.

논리적인 사고는 오히려 논리적인 생활경험에서 습득되는 경우가 많습니다. 예를 들어 아침에 늦게 일어나서 학교에 지각한 경험이 있는 경우, '초등학생은 몇 시에 취침하는 것이 좋은가?'에 관한 이야기를 할 때, 본인의 실제 경험을 통해서 여러 근거를 만들어 낼 수 있습니다.

"저는 초등학생은 9시에 잠자리에 들어야 한다고 생각합니다. 왜냐하면 성장호르몬이 10시부터 나오기 때문에 키가 크려면 9시쯤에는 잠자리에 들어야 합니다. 또 늦게 잠을 자면 다음날 아침에 일어나기 힘듭니다. 그래서 학교에 지각하는 경우도 있습니다. 저도 늦잠을 자다가 지각했던 적이 있었는데요. 엄마께 혼나기도 했고, 교실에 들어설 때 많이 부끄럽기도 했습니다. 그래서 저는 초등학생은 9시에 잠을 자야 한다고 생각합니다"

이런 논리적인 근거를 제시하기 위해서는 평소에 인과 관계를 생각해 두거나 논리적으로 생각하는 힘을 길러두는 게 좋습니다. 그렇게 하기 위해서 엄마는 아이와 대화할 때 왜 그렇게 생각하는지, 그렇게 한다면 어떤 일이 벌어질지, 혹은 그렇게 하지 않는다면 어떻게 될지 등의 질문을 자주 하고, 이때 아이가 두 가지 이상을 대답할 수 있도록 유도합니다. 생활 속에서 논리를 훈련할 수 있는 예는 다음과 같습니다.

- 수도꼭지를 잠그지 않으면 어떤 일이 벌어질까? 세 가지를 먼저 말하는 사람이 이기는 거야!
- 곡식을 키울 때 농약을 많이 사용하면 어떻게 될까? 농부의 입장과 사먹는 사람의 입장에서 생각해 볼까?
- 이를 안 닦았을 때 뭐가 불편했니? 하루 종일 어떤 일이 불편했는지 순서대로 말해볼까?

또한 엄마도 아이에게 무언가를 지시하거나 부탁할 때 단순히 명령만 하지 말고 근거를 들어 엄마의 마음을 표현해 주세요.

"승주야, 네 방 좀 치워라! 이게 뭐니?"

→ "승주야 실컷 놀았어? 엄마가 지나다니다가 장난감을 밟고 넘어질 것 같아 무서운데? 또 이렇게 놓으면 다 잃어 버려서 다음에 못 찾을 것 같다. 그렇지? 우리 5분 동안 치울까?"

논리적인 엄마가 논리적인 아이를 만든다는 사실, 잊지 마세요.

〈설득의 6가지 법칙〉

1. 상호성의 법칙 : 상대방에게 무언가를 받았을 때, 은연중에 보답을 해야 한다고 생각을 하게 되는 심리
2. 일관성의 법칙 : 자신의 말이나 행동에 책임을 져야 한다고 판단하기 때문에, 처음에 했던 말이나 행동을 유지하려는 심리
3. 사회적 증거의 법칙 : 나와 비슷하거나 내 주변의 사람들이 하고 있는 행동이라면 쉽게 따라 하는 심리
4. 호감의 법칙 : 자신이 잘 아는 사람이거나 같은 집단에 속해있는 사람 또는 외모가 잘생긴 사람에게 긍정적인 답변을 하게 되는 심리
5. 권위의 법칙 : 권위가 있다고 판단되는 사람의 행동이나 말에 더 귀를 기울이는 심리
6. 희귀성의 법칙 : 얼마 남지 않은 물건이라면 누구나 갖고 싶어 하는 심리

– 설득의 심리(로버트 치알디니)

"

표현력이 부족해서
지루하게 말해요.

"

CHAPTER

3

다양한 제스처와 강조법으로
재미있게 말하는 방법을 배워 볼까요?

'재미있는 스피치'를 위한
고수의 비법

"우리 아이가 하는 말은 재미없게 들려요."

요즘 유행하는 개그 프로그램을 보거나 재미있는 만화책에 빠져 읽고 있는 아이들을 보면 저절로 미소가 지어집니다. 웃긴 표정을 금세 따라 하기도 하고 키득키득 웃기도 하다가 배꼽을 잡고 깔깔거리기도 합니다. 재미있는 것에 집중하게 되는 것은 당연하지요. 스피치에도 상대방의 관심을 끌기 위한 '재미'라는 요소가 빠질 수 없는 이유가 바로 이것입니다.

하지만 아이들은 발표를 할 때 내가 외운 것을 잊어버리지 않으려고 끙끙대다가 '재미'라는 중요한 요소를 잃어버리기 쉽습니다. 재미가 없는 스피치는 아무도 관심을 주지 않는 유행이 지난 장난감과도 같지요. 아이의 스피치를 재미있게 만들어 주기 위해서는 제스처, 어휘, 강조법 등 스피치의 양념이 될 만한 것이 필요합니다. 엄마와 함께하는 연습을 통해 우리 아이들의 스피치에 '재미'를 솔솔 뿌려줘 볼까요?

1 발표할 때 몸을 흔드는 아이

앉은 자리에서는 조잘조잘 말을 잘하는 아이인데 앞에 나와서 발표하라고 하면 손과 발이 오징어처럼 흐물거리고 몸을 가만히 두지 못하는 아이들이 있습니다. 어떤 아이는 손톱을 계속 물어뜯기도 하고요. 어떤 아이는 머리를 계속 쓸어 올리지요. 안경을 만지작거리는 아이, 손을 주머니에 100번을 넣었다 뺐다 하는 아이도 있습니다. 다양한 모습으로 자신의 긴장감을 표현하고 있는 중이지요. 긴장을 하니 마음이 불안해지고 불안한 감정이 몸으로 표현되면 '몸을 움직이지 말아야지'라는 생각만으로는 쉽게 해결되지 않습니다. 아이를 심리적으로 안정시켜주는 방법이 필요한데요. 이때 긴장을 해결할 수 있는 좋은 방법이 두 가지가 있습니다.

첫째 '시선 자신감', 둘째 '제스처 자신감', 그리고 셋째는 '표정 자신감'입니다. 어디를 어떻게 바라봐야 할지 알기만 해도 아이의 긴장은 많이 해결되고 몸을 흔들지 않을 것입니다. 또 쓸데없는 행동을 하는 대신, 필요한 몸짓을 알려주고 활용하게 하면 좋습니다. 적절한 제스처를 통해 긴장을 풀고 더 정확한 의미전달을 할 수 있다면 발표는 더욱 쉬워질 것입니다. 그리고 발표의 내용에 따라 다양한 표정을 연출하는 것도 아이의 발표를 더욱 재미있고 호감 가게 만들 수 있답니다. 스피치를 당당하고 재미있게 만드는 시선, 몸짓, 표정, 이 세 가지 훈련으로 흔들거리는 아이의 몸을 잡아 보세요.

아래의 체크 리스트를 통해 우리 아이의 표현력은 어느 정도인지 확인해 보세요.

☑ 체크 리스트

〈우리 아이 표현력〉

① 성격이 무뚝뚝해서 말할 때 손을 사용하지 않는 편이다. ⋯⋯⋯⋯⋯⋯ ☐
② 말할 때 표정을 많이 사용하지 않는 편이다. ⋯⋯⋯⋯⋯⋯⋯⋯⋯⋯ ☐
③ 사진 찍을 때 '김치∼', '브이∼' 등의 말에 따르지 않고 경직된 상태로 찍는다. ☐
④ 앞에 나가 발표할 때 손 제스처를 쓰지 않는다. ⋯⋯⋯⋯⋯⋯⋯⋯ ☐
⑤ 제스처를 활용하더라도 많이 쑥스러워 한다. ⋯⋯⋯⋯⋯⋯⋯⋯⋯ ☐
⑥ 발표할 때 손을 어디다 두어야 할지 몰라 어색해한다. ⋯⋯⋯⋯⋯ ☐
⑦ 학교에서 발표할 때 손을 번쩍 크게 들지 않는다. ⋯⋯⋯⋯⋯⋯⋯ ☐
⑧ 얼굴 표정으로 다양한 감정을 표현하지 않는 편이다. ⋯⋯⋯⋯⋯ ☐
⑨ 엄마나 아빠가 무뚝뚝한 편이다. ⋯⋯⋯⋯⋯⋯⋯⋯⋯⋯⋯⋯⋯⋯ ☐
⑩ 유치원 학예회 때 율동 하는 것을 싫어했다. ⋯⋯⋯⋯⋯⋯⋯⋯⋯ ☐

2개 이하 짝짝! 좋아요.

3개∼6개 쑥스러움을 극복하고 조금만 더 노력해 보아요.

7개 이상 전문가와 함께 표현력 강화 훈련을 배워 보아요.

① 시선의 3·6·9, 삼각형, 3등분 절대비법

  발표를 하기 위해 앞에 나가면 어디를 바라보며 말을 해야 할지 난감해 하는 아이들이 많습니다. 여간 강심장이 아니고서야 다른 아이들의 눈을 똑바로 바라보며 이야기 하는 것이 쉬운 일은 아니지요. 어질어질 뱅글뱅글 눈알이 돌다 못해 눈동자가 애꿎은 천장에 올라붙어 있는 아이도 있고, 땅바닥을 발로 후벼 파고 있는 아이도 있습니다. 어려운 시선 처리 때문에 점점 작아지는 아이들의 마음을 활짝 펴주는 방법은 없을까요? 당연히 있습니다. 다음의 세 가지 훈련법을 통해 자신감 넘치는 '눈빛 발사' 비법을 활용해 보세요.

▶ 3·6·9 훈련
  '삼육구 삼육구~'
3, 6, 9가 나오면 박수치는 게임이 아니라 3초, 6초, 9초 동안 시간을 늘리면서 시선을 고정시키는 시선훈련입니다. 많은 아이들이 긴장을 하거나 자신감이 없는 경우 선생님을 오랫동안 지긋이 바라보는 것조차 어려워합니다. 바들바들 떨면서 금방이라도 눈물을 쏟을 것같이 바라보거나 힐끔거리며 눈치를 보는 아이들도 있습니다.

  이런 경우, 처음에는 엄마와 윙크 게임으로 눈 근육을 자연스럽게 풀어줍니다. 그다음 엄마의 얼굴 중 눈, 코, 입 등을 번갈아 가며 3초, 6초, 9초 동안 바라보게 합니다. 자연스럽게 시간을 늘려가며 바라보기 연습을 하면 부담감이 없어져 상대방을 조금 더 오래 바라볼 수 있게 됩니다. 이후에는 눈만 3초, 6초, 9초 동안 바라보게 하여 눈동자를 맞추는 것에 대한 긴장도를 낮추면 좋습니다.

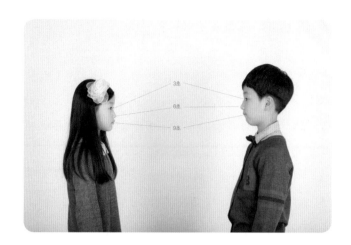

▶ 삼각형 보기

눈동자를 보는 것이 불안한 경우에는 얼굴의 양 눈썹과 코끝을 연결한 역삼각형 부분을 돌아가면서 보는 것이 도움이 됩니다. 눈싸움하듯 눈동자만 바라보며 이야기를 하면 말하는 아이도 어색하고 듣는 아이들도 부담스러울 수 있습니다. 역삼각형의 눈썹 끝의 한쪽부터 다른 한쪽으로, 그리고 코끝으로 시선을 이동하면서 바라보게 하면 지루하지 않게 시선을 얼굴로 유지시킬 수 있습니다.

　반장선거나 말하기 대회, 혹은 교실 안에서 발표를 할 경우에는 시선을 한 군데 고정하는 것보다 청중을 두루두루 살펴가며 말하는 게 좋습니다. 그런데 아이들은 누구를 바라봐야 할지 난감해서 나랑 제일 친한 친구만 보게 되거나 혹은 선생님만 바라보면서 발표하는 실수를 하기 쉽습니다.

　학교 교실이나 강당 등 여러 청중을 앞에 두고 발표할 때에는 청중을 3등분 하여 시선을 옮기는 연습을 하게 합니다. 왼쪽, 가운데, 오른쪽으로 나누어 각각의 부분을 3초 정도 여유롭게 바라보며 이야기를 하는 것입니다. 그런데 이때, 말하는 내내 좌우를 지나치게 자주 번갈아가며 보면 산만해 보일 수 있습니다. 중앙을 보고 이야기를 하다가 주위를 환기시키는 내용이나 청중에게 반응을 유도하는 내용, 그리고 강조하고 싶은 내용이 있을 때에 왼쪽, 오른쪽, 그리고 중앙으로 시선을 옮기며 이야기를 하게 합니다.

② 발표 제스처 절대비법

무언가를 발표하는 아이에게 엄마가 '엄지를 척!'하고 들어 올려주면 따로 칭찬의 말이 없더라도 아이의 기분이 좋아집니다. 아마도 신이 나서 말을 더 길게 늘어놓거나 한껏 들떠 재잘거릴 수도 있습니다.

반대로 양손을 엇갈려 '엑스'를 표현하면 아이는 하던 것을 그만 두고 엄마의 눈치를 보기 시작합니다. 그리고는 우물거리다가 이내 말문을 닫고 조용해질 것입니다.

이렇듯 말은 없지만 아이와 엄마 사이에 약속된 제스처는 그 몸짓만으로도 간단한 의사소통이 가능하지요. 제스처는 무언가를 더 강하게 표현하거나 생동감 있게 표현하고자 할 때 효과적으로 활용할 수 있습니다.

제스처에 약한 아이들에게는 나름의 원인이 있습니다. 쑥스러움이 많거나 성격이 무뚝뚝하거나 어떤 제스처를 활용해야 할지 모를 경우도 그 중 하나입니다. 원인은 여러 가지가 있지만 솔루션은 하나, 자주 활용할 수 있는 기본 제스처를 배우고 실전에 활용하는 방법이 가장 좋습니다.

엄마의 바람처럼 모든 아이들이 처음부터 멋진 제스처를 완벽하게 할 수는 없습니다. 그래서 처음에는 주먹을 꽉 쥐고 다리는 어깨 너비만큼 벌린 채 엉덩이에 힘을 꽉! 주게 해 주세요. 이 자세는 몸의 근육을 긴장시켜서 팔 다리가 흐트러지지 않고 배꼽 쪽으로 힘이 모이는 효과가 있습니다. 이런 자세로 10초, 20초, 30초 동안 움직이지 않는 게임을 같이 해주는 것도 즐겁게 훈련하는 방법이 되겠지요? 이런 기본 자세에 익숙해졌다면 손을 자연스럽게 움직여서 제스처를 활용하게 해 주세요. 움직여야 하는 곳에서만 움직이는 훈련을 하면 흐물거리는 아이의 몸도, 긴장감도 다잡을 수 있답니다. 아이와 함께 다음의 기본 제스처를 연습해 보세요.

제스처 활용

여러분 어떠세요?

01 양손을 앞으로 벌려 내민다.

확실히, 반드시

02 주먹을 쥐고 앞으로 들어 올린다.

제가, 저는

03 손을 펴서 가슴 쪽에 댄다.

우리, 서로

04 양손바닥을 펴고 마주 잡는다.

함께, 모두

05 양손을 벌려 둥그렇게 돌리며 내린다.

정말, 가장

06 검지를 펴고 들어올린다.

제스처는 크고 정확하게 표현할 수 있도록 합니다. 위의 기본 동작을 연습했다면 다음의 이야기를 하면서 적당한 곳에 제스처를 활용할 수 있도록 해 주세요.

> 여러분, 강아지 좋아하시나요?
> 저는 강아지를 키우고 있는데요. '마루'라는 푸들입니다.
> 활발한 성격의 마루는 제가 학교에서 돌아오면 껑충껑충 뛰면서 저를 반겨줍니다.
> 우리는 매일 놀이터에서 놀기도 하는데요. 마루와 함께 놀면 기분이 정말 좋아집니다.
> 여러분도 반려견을 키워 보시는 건 어떨까요?

제스처가 들어가야 할 곳을 확인해 볼까요?

> 여러분, (양손 앞으로) 강아지 좋아하시나요?
> 저는 (손 가슴에) 강아지를 키우고 있는데요. '마루'라는 푸들입니다.
> 활발한 성격의 마루는 제가 학교에서 돌아오면 껑충껑충 뛰면서 저를 반겨줍니다.
> 우리는 (양손 잡기) 매일 놀이터에서 놀기도 하는데요. 마루와 함께 놀면 기분이 정말 (엄지손가락) 좋아집니다.
> 여러분도 반려견을 키워 보시는 건 어떨까요? (양손 앞으로)

③ 표정 자신감 절대비법

자연스러운 시선을 연습하고 멋진 제스처를 배웠다면, 마지막으로 표정을 자신 있게 표현할 차례입니다. 발표를 재미있게 하는 '발표 고수'를 살펴보면 가장 눈에 띄는 특징은 여유롭고 변화무쌍한 표정 관리입니다. 시선과 제스처는 약간의 훈련으로 쉽게 습득할 수 있지만, 표정은 가장 어려운 연습 중 하나이지요. 친구들에게 들키고 싶지 않은 '긴장감'이 얼굴에는 고스란히 드러나게 되기 때문입니다. 떨리는 눈두덩이, 경직된 입 꼬리, 부들거리는 볼살을 내 맘대로 조절할 수 있는 표정 자신감은 크게 두 가지 특별훈련이 필요합니다. 첫 번째 훈련은 긴장을 풀어주는 표정 연습이고, 두 번째 훈련은 강조하는 표정 연습입니다.

▶ 긴장을 풀어주는 표정 연습

표정 긴장감을 풀어주는 훈련은 발표 전에 갑자기 하는 것보다 지속적으로 꾸준히 하는 것이 좋습니다. 표정 전문가의 말에 따르면 얼굴에는 적게는 50여개, 많게는 80여개의 표정 근육이 있다고 분류를 하는데요. 이 많은 표정 근육들은 오랫동안 움직이지 않으면 '퇴화 현상'을 보이기 때문에 경직된 표정이 더 많이 나타나게 됩니다. 매일매일 자전거를 타면 자전거 실력이 늘듯, 매일매일 표정 기본 훈련을 하면 사용할 수 있는 표정 근육이 하나씩 더 늘어갈 것입니다. 자, 이제 눈과 입 주변 근육의 긴장 푸는 연습을 해 볼까요?

[눈 주변 긴장 풀기]

1. 눈썹을 위로 올렸다가 내립니다.

2. 눈을 크게 떴다가 작게 실눈을 뜹니다.

3. 눈동자를 오른쪽, 왼쪽으로 돌립니다.

4. 웃는 눈을 만들어 봅니다.

[입 주변 긴장 풀기]

1. 입을 크게 벌렸다가 작게 오므립니다.

2. 입술을 앞으로 쭉 내밉니다.

3. 입술에 힘을 빼고 푸르르르~ 입술 털기를 합니다.

4. 웃는 입을 만들어 봅니다.

집에서 아이와 함께 재미있는 놀이를 하듯이 자주 연습해 주세요. 다양한 표정을 연습하기 전에 얼굴에 긴장을 풀어주어야 더 자연스러운 표정을 지을 수 있습니다. 자연스럽게 짓는 표정은 보는 사람들의 마음도 편하게 만들어서 내용에 더 집중하게 해준답니다.

▶ 강조하는 표정 연습

발표 내용을 극적으로 만들어 주는 방법은 표정보다 더 드라마틱한 것이 없습니다. 아주 즉각적이고 효과적이지요. 물론 우리 아이들은 아역 연기자처럼 표정 하나만으로 감정을 표현하는 것이 아니라 '말'이라는 좋은 도구가 있기 때문에 표정연기의 달인까지는 될 필요가 없습니다. 하지만 전달하고자 하는 말을 더 강조해 줄 수 있는 적절한 표정을 적절한 타이밍에 지을 수 있다면 친구들의 마음을 사로잡을 수 있을 것입니다. 발표를 더 매력적으로 살려주는 표정 연습은 다음의 일곱 가지 강조법을 활용하면 좋습니다.

- 시작할 때 : 미소 띠고 여유로운 표정
- 끝낼 때 : 미소 띠고 감사의 표정
- 질문했을 때 : 눈을 크게 뜨고 대답을 기대하는 호기심 어린 표정
- 누군가 대답했을 때 : 고개를 끄덕이며 눈을 한 번 감았다 뜨며 동감한다는 표정
- 중요한 부분을 강조할 때 : 눈을 또렷하게 뜨고 확신에 찬 표정
- 긍정의 내용을 이야기 할 때 : 미소를 띠고 밝은 표정
- 부정의 내용을 이야기 할 때 : 슬프거나 안타까운 표정

위의 일곱 가지 표정 강조 이외에도 아이의 스피치 내용 흐름에 따라 더 다양한 표정을 활용할 수 있습니다. 본인이 겪었던 에피소드를 말할 때는 더 실감나는 표정을 연출할 수도 있고, 청중과 교감할 때는 청중의 표정을 따라하며 공감을 이끌어 내는 것도 필요하지요. 물론, 이 표정 강조는 발표의 경험을 많이 한 아이들에게 집중적으로 훈련시키면 좋을 고급 기술이라는 것을 참고해 주세요.

2 표현력이 부족한 아이

승주 : 버스가 낭떠러지에 아슬아슬하게 매달려 있다가 떨어지려고 할 때 헐크가
순식간에 나타나서 한 손으로 버스를 잡아 올렸어. 정말 손에 땀이 나는 순
간이었어.
상우 : 버스가 떨어지려고 할 때 헐크가 들어 올렸어.

같은 영화를 보았다 하더라도 어떤 아이는 눈앞에 영화가 그려지듯 생생하게 묘사하고 어떤 아이는 사실만 설명하기도 합니다. 평소 일어난 일에 대해 이야기 할 때도 마찬가지입니다. 아빠와 축구를 했던 장면, 아쉽게 골이 들어간 상황, 열심히 응원하는 엄마와 동생의 모습 등을 다양한 형용사로 설명하는 아이가 있는가 하면 "누구랑 어디에서 놀았습니다. 끝!"하고 딱 잘라 말하는 아이도 있습니다. 듣는 친구들 입장에서는 당연히 실감나게 말하는 아이의 이야기에 귀가 솔깃하기 마련이겠죠? 그럼 다음의 훈련들을 열심히 연습해 보면서 우리 아이의 표현력을 껑충 성장시켜 볼까요?

① 표현력 절대비법

아무리 생생하게 말하려 해도 어떻게 말해야 하는지 모르는 아이들이 많습니다. 생생하게 말하기 위해서는 방송인처럼 다양한 상황을 표현하는 연습이 도움이 됩니다. 다음의 상황을 머릿속으로 떠올리며 전달해야 하는 내용을 정리한 후 말하기 연습을 하게 해 주세요.

▶ 리포터 연습

> 안녕하세요. 마루지 방송 리포터 ooo입니다.
> 오늘 저는 이웃돕기 바자회가 열리고 있는 oo초등학교에 나와 있습니다.
> 안 쓰는 물건을 가지고 나와서 필요한 사람들에게 팔고 수익금을 모아서 불우한 어린이를 돕는다고 하는데요. 많은 학생이 <u>동화책</u>이나 <u>보드게임</u>, <u>운동화</u> 등 <u>여러 물건</u>을 가지고 나왔습니다. oo초등학교 어린이들의 아름다운 마음이 느껴지는 현장입니다. 지금부터 어린이들을 만나보겠습니다.

`tip`
밑줄 친 부분을 꾸며주는 말을 넣거나 다른 단어로 바꾸어 표현하는 연습을 하면 더 좋아요.

▶ 기상캐스터 연습

> 안녕하세요. 마루지 기상캐스터 ooo입니다.
> 어젯밤부터 내리던 비가 오늘 아침에는 눈으로 바뀌었습니다.
> 게다가 기온이 낮아지며 곳곳에 살얼음이 얼겠는데요. 등교하실 때 미끄러지지 않도록 조심하셔야겠습니다. 요즘 차가운 바람이 쌩쌩 불어와서 감기에 걸린 친구들이 많은데요. 이럴 땐 따끈한 귤차가 몸에 좋다고 합니다. 추운 날씨 건강 조심하세요.

`tip`
눈이 오는 날, 비가 오는 날, 매우 더운 날, 구름이 잔뜩 낀 날, 번개가 치는 날 등 다양한 날씨 상황을 응용해서 연습하면 더 좋아요.

② 어휘력 절대비법

표현력이 약한 아이들은 대부분 알고 있는 어휘가 한정적이거나 다양한 어휘를 말로 표현하는 연습이 부족한 경우가 많습니다. 아이들의 경우 상황에 맞는 다양한 어휘를 알고 있는 만큼 표현력이 강해집니다. 아이들의 어휘를 키우기 위해서 책을 활용한 3단계 어휘 확장 훈련을 하며 연습해 봅니다.

▶ 책 읽기

어려운 동화책을 읽으면서 고급 어휘를 익히는 것도 중요하지만 아이의 상태에 따라 기본 어휘를 배우는 것도 필요합니다. 엄마의 욕심 때문에 연령에 맞지 않게 어려운 책에만 노출된 아이는 사자성어나 경제용어 등을 자유롭게 사용하긴 하지만 또래 사이에서 실제 활용할 수 있는 생활 속 어휘가 상대적으로 부족하게 됩니다. 연령에 맞는 동화책을 통해 기본적인 어휘를 먼저 익히게 해 주세요.

▶ 책 활용하기

책을 적극적으로 활용하면 아이의 어휘를 체계적으로 늘려줄 수 있습니다. 유아에게는 재미있는 동화책을 통해 비슷한 말 찾아내기, 바꿀 수 있는 말 만들어 내기 등을 연습할 수 있도록 합니다. 또 동화책을 읽은 다음 밑줄 그은 단어와 바꾸어 말할 수 있는 단어를 생각하게 하고, 아이가 생각해 낸 단어를 넣어서 다시 책을 만들어 줍니다. 그리고 자신 있게 발표할 수 있게 합니다. 다음의 이야기에서 밑줄 그은 부분에 들어갈 수 있는 다른 단어를 아이와 함께 생각해 보세요.

이렇게 큰 박은 처음일세

흥부는 (영차영차) 톱질을 했어

바로 그 순간 박이 (탁) 벌어지더니

쌀이 (줄줄줄), 돈이 (와르르)

커다란 기와집이 (짜잔~) 나왔단다.

– 키움북스 전래동화 흥부와 놀부 중에서

초등학생들에게는 책을 읽고 어휘를 하나하나 짚어가며 예상했던 뜻을 말해보고 사전을 찾아 정확한 뜻을 다시 한번 알게 하는 것이 도움이 됩니다.

여러분, 로또에 당첨된다면 가장 먼저 무엇을 하시겠습니까?
커다란 주택도 사고, 고급 휴양지로 여행도 떠나면 좋을 것 같다는 생각이 드시죠?
하지만 역대 로또 당첨자들을 추적 조사한 결과, 행복감과 로또는 관계가 없는 것으로 나타났습니다. 오히려 돈의 씀씀이가 커져서 빚이 늘어난 사람도 있는데요. 돈이 많든, 돈이 적든 내가 가진 돈 안에서 현명한 소비를 한다면 진정한 행복감을 느낄 수 있을 것입니다.

낱말	예상한 뜻	사전적 뜻
당첨		추첨하여 뽑힘
역대		대대로 이어 내려온 여러 대, 또는 그동안
추적		1. 도망가는 사람의 뒤를 밟아서 쫓음 2. 사물의 자취를 더듬어 감
현명한		어질고 슬기로워 사리에 밝음

▶ 말에 적용하기

아이가 책에서 찾아낸 단어를 여러 상황에 맞춰 말로 풀어낼 수 있도록 도와줍니다. 학교나 집, 그리고 놀이동산 등 다양한 상황에서 일어날 만한 일을 표현할 수 있는 단어를 찾고, 이를 활용하여 문장을 만들고 발표하게 합니다.

'책 읽기-책 활용하기-말에 적용하기' 세 가지 단계를 거쳐 어휘력을 높일 수 있는 훈련을 하면 따분하고 일반적인 어휘를 반복하는 것보다 다양하게 표현할 수 있게 됩니다. 예를 들어 '정말', '진짜', '재미있다'라는 단어는 아이들의 이야기에 자주 등장하는 단골 단어입니다. 습관처럼 자주 반복하게 되지요. 어휘력 훈련을 활용해서 '정말'이라는 말은 '진짜', '엄청나게', '아주' 등으로 바꾸어 쓰게 하고 번갈아 사용하게 합니다. '재미있다'는 '스릴이 넘쳤다', '신났다', '즐거웠다', '환상적이었다' 등으로 다양하게 바꾸어 볼 수 있습니다.

> [훈련 전]
> "놀이동산에서 정말 무서운 놀이기구를 탔는데요. 정말 재미있었고요. 퍼레이드를 봤는데 정말 재미있었어요!"

> [훈련 후]
> "놀이동산에서 정말 무서운 놀이기구를 탔는데요. 심장이 두근거릴 정도로 재미있었고요. 퍼레이드를 봤는데 진짜 화려하고 멋졌어요!"

엄마와 함께 같은 의미의 다른 단어를 주고받으며 이야기하는 게임을 하는 것도 좋고, 비슷한 말을 계속 나열해보는 연습을 하는 것도 도움이 됩니다. 이렇게 연습한 것을 실제로 대화를 할 때 자주 활용하게 해 주세요.

3 밋밋하게 말하는 아이

　꿈과 동심이 넘치는 곳, 아이들이 온종일을 있어도 지칠 줄 모르는 곳이 어디일까요? 단연 놀이동산일 것입니다. 이곳에서 아이들에게 가장 인기 있는 놀이기구는 바로 롤러코스터라고 합니다. 짜릿하고 즐거운 기분을 느낄 수 있기 때문이겠죠. 그런데 올라갔다 내려왔다 뱅글뱅글 돌다 보면 롤러코스터를 타는 3분이라는 시간은 3분이 아닌, 30초가 흐른 것처럼 느껴집니다. 아이의 스피치도 3분을 말했지만 겨우 30초가 흐른 것처럼 느껴진다면 어떨까요? 흥미진진한 게임처럼 더 듣고 싶어지지 않을까요? 강약과 완급을 넘나드는 놀이기구처럼 우리 아이의 말도 위로 아래로 마구 돌려 재미있게 말할 수 있게 해 볼까요?

① 롤러코스터 강조 절대비법

　롤러코스터처럼 말을 한다고 상상해 봅시다. 높은 음도 있고 낮은 음도 있어서 아주 재미있게 들릴 것 같지요? 실제로 아이들이 발표하는 것을 들어보면 말의 높낮이가 없이 밋밋하게 흘러서 청중의 주목을 끌지 못하는 경우가 많습니다. 이런 밋밋한 스피치를 살려줄 수 있는 것이 롤러코스터 강조법 훈련입니다.

▶ 높임 강조 : 중요하다고 생각하는 단어를 높여서 말하는 강조법
　음의 높이에 변화를 주며 중요한 부분을 강조하는 방법입니다. 그런데 우리 아이들은 음정을 변화시키는 것에 익숙하지 않습니다. 음을 높이라고 하면 목을 쭉 빼고 눈을 크게 뜨기는 하지만 정작 음은 올라가지 않기도 하지요. 이런 친구들에게는 다음의 방법으로 음정변화 연습을 시켜보면 좋습니다.

• '도레미파솔라시도' 순차적으로 올라가기

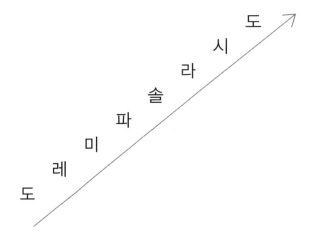

• '도시라솔파미레도' 반대로 내려오기

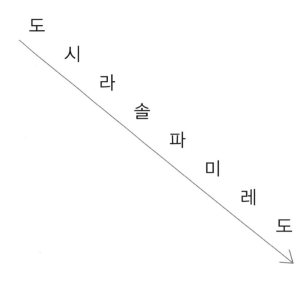

• 파도타기

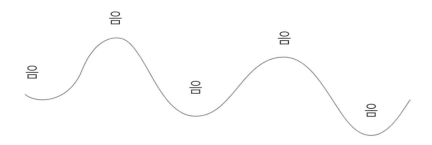

▶ 낮춤 강조 : 중요하다고 생각하는 부분을 낮추어 말하는 강조법

문장의 처음이나 중간 부분을 낮게 말하는 것보다 어미를 낮추어 말하는 것이 훨씬 쉽고 효과적입니다. 낮춤 강조 연습은 다음과 같습니다.

• 음 떨어뜨리기

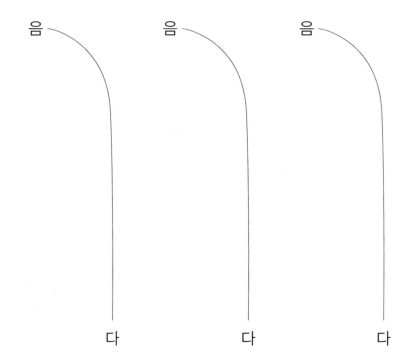

▶ 늘임 강조 : 중요하다고 생각하는 부분을 늘여서 말하는 강조법

부사나 형용사 등 꾸밈말을 늘여주면 더 생생하게 표현할 수 있습니다. 늘임 강조의 앞 단어는 높임강조를 중복으로 활용하면 더 효과적이겠죠?

• 늘여주기

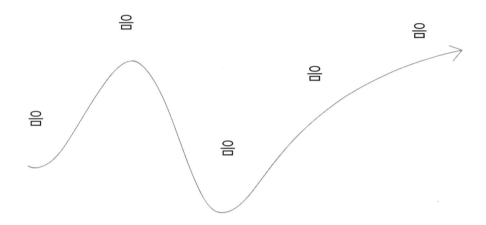

② 임팩트 강조 절대비법

중요한 부분을 더 중요하게 만드는 강조법입니다. 누가 들어도 임팩트가 느껴지는 강조법은 두 가지가 있습니다.

▶ 포인트 강조 : 중요하다고 생각하는 부분을 똑똑똑 끊어서 강하게 표현하는 강조법

음절을 강조해 주는 것도 좋고 음가를 하나하나 끊어서 강조하는 것도 좋습니다. 힘 있게 호흡을 뱉어내며 다음의 훈련법을 연습해 보세요.

· 단호흡 훈련

하!　　하!　　하!

호!　　호!　　호!

후!　　후!　　후!

▶ 멈춤 강조 : 중요하다고 생각하는 부분에서 멈춰주는 강조법

말하는 중간에 살짝 멈추게 되면 말하는 사람도 숨을 고르는 시간을 만들 수 있고 듣는 사람들의 주위를 집중시키는 효과도 있습니다. 그러나 이때 많은 아이가 멈추고 다른 짓을 하거나 손장난을 하며 강조의 의미를 활용하지 못하는데요. 멈춤 강조를 할 때 아이들에게 반드시 알려주어야 할 것이 있습니다.

첫째, 어디서 멈출까?
당연히 아이가 중요하다고 생각하는 바로 앞부분에서 멈춰야 합니다.

둘째, 얼마만큼 멈출까?

더도 말고 덜도 말고 딱 2~3초만 멈추어야 합니다.

셋째, 멈추면서 뭘 할까?

눈빛 레이저를 발사한다. 눈을 동그랗게 뜨고 바라봐야 듣는 사람도 집중하게 됩니다.

아래의 문장을 보고 다섯 가지 강조법을 연습시켜 주세요.

[다섯가지 강조법 실전]

- 높임 강조 : 견우와 직녀는 일 년에 딱 하루만 만날 수 있었습니다.
- 낮춤 강조 : 이번 겨울방학이 너무 짧아서 정말 아쉽습니다.
- 늘임 강조 : 우리 학교 급식은 진짜 맛있습니다.
- 포인트 강조 : 반장선거에 나가려면 스피치를 연습해야 합니다.
- 멈춤 강조 : 초등학생이 받고 싶은 선물 1위는 스마트폰입니다.

다섯가지 강조법을 활용하여 다음의 글을 재미있게 읽어 보세요.

안녕하세요 키즈스피치 마루지 김민호입니다.
여러분은 할 수 있는 요리가 있으신가요?
저는 지난 주말, 엄마와 함께 김치부침개를 부쳐 먹었습니다.
먼저 밀가루에 물을 약간 부어 반죽을 만든 다음 잘 익은 김치를 송송(늘임강조) 썰
어 넣었습니다.
그런 다음 잘 달궈진 팬에 기름을 두르고 반죽을 올려놓았더니 '지글지글'(늘임강조)
맛있는 소리가 들렸습니다. 노릇노릇하게 잘 익은 부침개를 호호 불며 입에 넣는 순
간(멈춤강조, 포인트강조), 기절할 정도로 맛있었습니다.(낮춤강조)
여러분도 좋아하는 음식을 직접(높임강조) 만들어 먹어보시면 어떨까요?
감사합니다.

이지은 선생님
도와주세요!

Q
엄마의 질문

동화구연대회 연습은 어떻게 시키나요?

A
선생님의 답

요즘 많은 유치원에서 아이들의 스토리텔링 실력 향상을 위해 동화구연대회를 열고 6~7세 아이들이 도전하고 있습니다. 또 몇 몇 사립 초등학교에서도 말하기 대회를 개최하여 스피치 특화 교육을 하고 있지요. 초등학교의 경우에는 보통 1~2학년 친구들이 동화 구연대회 대상이 됩니다. 모든 대회 준비의 시작은 원고에서부터 출발합니다. 대회의 성격에 맞는 원고가 준비되었다면 말하고자 하는 핵심을 잘 전달하기 위해 원고를 해석한 후 표현을 극대화하여 발표합니다. 많은 아이의 경우, 엄마나 선생님의 도움으로 좋은 동화책을 고르는 것까지는 무난히 넘어가지만 그 동화를 재미있게 표현하는 표현기법에 있어서는 어떻게 해야 할지 몰라서 고민하는 경우가 많습니다. 동화 구연대회나 말하기 대회의 시작부터 끝까지 한번 살펴볼까요?

동화 구연대회라면 먼저 아이의 수준에 맞는 동화책을 골라야겠지요. 수많은 동화 중에서 어떤 책을 고를지 막막하시다면 몇 가지 기준을 알려드립니다.

첫째, 주제가 분명한 동화를 고르세요. 효에 관한 이야기인지, 우정에 관한 이야기인지, 가족의 사랑을 이야기 하는 것인지 확실히 알 수 있는 동화를 골라야 아이도 그 이야기를 쉽게 이해하고 표현할 수 있습니다.

둘째, 대화체가 많은 동화를 고르세요. 아무리 내용이 좋은 책이라 해도 서술 형태로 글이 나열되어 있으면 무대 위에서 지루하게 들릴 수 있습니다. 또 대화체를 활용하다 보면 표현력이 약한 아이들도 조금 더 생생하게 표현하는 것처럼 느껴질 수 있답니다.

셋째, 적절한 소품을 활용할 수 있는 동화를 고르세요. 적절한 소품을 활용하면 심사위원의 시선을 사로잡을 수 있습니다. '개구리 왕자'라면 은빛 구슬을 준비해도 좋고, '흥부와 놀부'라면 커다란 박을 만들어 가도 좋겠지요?

이렇게 동화를 선택했다면 재미있게 각색하여 원고를 만듭니다. 그런 다음 원고를 토대로 유창하게 말하기 위해 호흡, 발성, 발음 연습을 해야 하는데요. 대회 장소에 따라 목소리 훈련이 달라질 수 있으니 유의해야 합니다. 큰 강당에서 진행되는 대회라면 아이의 목소리가 강당의 높은 천장까지 올라가서 왕왕 울리는 소리로 들립니다. 이런 경우에는 속도를 더 천천히 하고 발음을 정확히 해야만 전달력이 높아질 수 있습니다.

그다음, 엄마가 꼭 체크해 주어야 할 것은 풍부한 감정 표현입니다. 이야기의 흐름에 따라 감정선을 잘 이해하고 실감나게 표현하는 것은 감동을 전달하기 위해 꼭 필요합니다. 아이의 감정표현을 극대화하기 위해서는 거울을 보며 얼굴 표정으로 다양한 감정을 만들어 내는 연습을 시켜 주세요. 놀란 표정, 화난 표정, 찡그린 표정, 행복한 표정 등 다양한 표정 연습을 통해 수준 높은 스피치를 보여줄 수 있습니다.

"
어떻게 연설하면 회장선거에서
당선될 수 있을까요?
"

CHAPTER

4

원고 준비부터 토론 선거까지
회장선거 스피치를 배워 볼까요?

'회장선거'를 위한
고수의 비법

"우리 아이가 회장선거에 출마하면 과연 당선될 수 있을까요?"

새 학기가 시작하면 많이 받는 질문인데요. 답은 '과정'에 있습니다. 회장이 되고 싶은 생각이 들게끔 하고 그 도전이 성공을 거두게 되는 과정, 이 시간을 즐기는 아이는 당선의 기쁨을 누리고, 부담을 느끼는 아이는 다음 기회를 기약하게 되겠지요. 연설하는 그 순간에는 오롯이 아이 혼자의 힘으로 그 긴장감을 이겨내야 하기 때문입니다.

새 학년 새 학기가 되면 누구랑 같은 반인지, 우리 반 담임 선생님은 누구실지 궁금해 하고 설레기도 하는 우리 아이들, 이런 분위기를 한층 더 고조시키는 것이 바로 새 학기에 어김없이 치러지는 회장선거가 아닐까요? 엄마에게 떠밀려 회장선거에 나가든, 자발적 의사로 출마하든 일단 당선이 되면 자리가 자신감을 만들기 시작하지요. 학급을 이끌어 가는 과정에서 책임감도 느끼고 모범적인 생활을 위해 몸가짐도 단정히 하게 됩니다. 10여 년간 회장선거 코칭을 해오며 회장이라는 즐거운 경험으로 아이의 자존감이 올라가는 경우를 많이 봐왔습니다. 또 전교회장단에 당선되어 리더십을 기르고 인생의 비전 자체가 달라지는 아이들도 많았습니다.

그중에서 가장 기억에 남는 아이가 있는데요. 초등학교 4년 내내 단짝 친구가 없었을 만큼 소심하고 행동도 소극적인 아이가 있었습니다. 6개월 동안 자신감 스피치 훈련을 통해 집중 교육을 하며 시선 맞추기, 즉흥 스피치, 주장하기, 또래 커뮤니케이션 스피치 등을 훈련하였습니다. 그러던 어느 날 아이에게 놀라운 변화가 찾아왔습니다. 5학년에 올라가면서 회장선거에 나가고 싶다는 말을 하였고 열심히 연습하여 도전한 결과, 반 아이들의 몰표를 받으며 회장에 당선되었습니다. 아이는 연이어 전교 부회장에 한 번 더 도전했고 아이의 두 번째 도전도 성공으로 이어져 지난 해 1학기 동안 전교 부회장으로서 학교생활을 할 수 있었습니다. 이렇게 변화하는 아이들을 보며 회장선거 스피치는 단순한 연설이 아닌, 아이의 인생에서 가장 값진 경험을 할 수 있는 감격스러운 순간이라는 확신이 들었습니다.

물론 모든 아이의 도전이 마법처럼 다 성공하는 것은 아닙니다. 회장 한 자리를 놓고 적게는 두세 명, 많게는 열 명 남짓의 친구들과 경쟁하여야하기 때문입니다. 정정당당히 자신의 능력을 겨루며 얻는 성공과 실패는 아이가 앞으로 자신의 인생을 개척해 나갈 수 있는 원동력이 될 것입니다.

☑ 체크 리스트

〈우리 아이 성공적인 회장선거〉

① 책임감이 강한 편이다. ·· ☐
② 남자친구, 여자친구 등을 가리지 않고 모두와 사이가 좋다. ········· ☐
③ 학교에서 모범생이라는 칭찬을 듣는 편이다. ························· ☐
④ 아이들을 자주 집에 데리고 와서 논다. ······························ ☐
⑤ 봉사나 배려하는 것을 좋아한다. ····································· ☐
⑥ 손을 들고 발표하는 것을 어려워하지 않는다. ····················· ☐
⑦ 제스처나 얼굴 표정을 다양하게 표현하는 편이다. ················· ☐
⑧ 춤이나 노래, 혹은 개그, 연기 등에 감각이 있는 편이다. ··········· ☐
⑨ 목소리가 크고 발음이 정확하다. ····································· ☐
⑩ 운동을 잘 하거나 신체 활동에 자신이 있는 편이다. ··············· ☐

1개	친구들에게 더 관심을 갖고 즐거운 학교생활을 하도록 노력해요.
2개~4개	부족한 점을 찾아내어 연습해 보아요.
5개 이상	짝짝짝! 잘 준비하여 회장선거에 도전하면 회장이 될 수 있어요.

1 원고를 잘 쓰고 싶은 아이

여러분! 이 한 몸, 회장이 되어 산산이 부서지겠습니다!

– 90년대 회장연설

싸이는 강남스타일! 기호 1번은 회장스타일!
'명량, 회오리바다'처럼 여러분께 감동을 줄 '명랑한 기호 1번'

– 현재 회장연설

예전의 회장 연설은 "이 연사가 외칩니다!"하는 웅변식이 주를 이루었다면 요즘 회장 연설은 다양한 형태로 나타나고 있습니다. 유행하는 것을 패러디하거나 개그를 소재로 삼아 연설문을 작성하기도 하고 자신의 에피소드를 활용해서 이야기하는 형식으로 만들기도 합니다. 그만큼 유권자들의 수준이 높아졌다는 의미지요. 그래서 국회의원 선거보다 더 치열하고 대통령 선거보다 더 박빙인 회장선거 준비의 시작은 '원고'에서 출발합니다. 얼마나 아이의 특성과 잘 매칭이 되는가? 얼마나 유권자들의 요구를 제대로 알고 분석했는가? 얼마나 설득력 있게 표현했는가? 등 이러한 요소를 담고 있는 연설문 원고가 우리 아이의 당선을 결정짓게 됩니다.

① 나에게 맞는 콘셉트 잡기

회장 연설문을 쓰라고 하면 아이들이 하나같이 머리를 쥐어뜯으며 애꿎은 연필만 물어뜯습니다. 도대체 뭐라고 써야 하는지 감을 못 잡고, 결국에는 "에이, 나 안 나갈래"하고 도망가 버립니다. 아이들이 회장 연설문 원고 쓰기를 어려워하는 이유는 처음부터 어렵게 생각하기 때문입니다. '거창한 말로 이야기해야 친구들이 뽑아 줄 텐데'하는 오해 때문에 글쓰기를 어려워하지요. 무조건 쉽게 시작하는 것이 방법입니다. 솔직한 마음으로 내가 왜 회장이 되고 싶은지를 쉽게 써 내려가야 합니다. 내가 생각할 때 어려운 말은 친구들이 생각해도 이해가 되지 않으니까요. 또 내가 생각할 때 진실이 아닌 말도 역시 친구들이 귀신같이 알아차립니다. 솔직하게 쓰고 진실하게 말하는 것이 연설문의 시작입니다.

또 하고 싶은 말이 많다 보니 문장이 하염없이 길게 늘어지기도 합니다. 회장선거 연설은 친구들을 짧은 시간 안에 사로잡아야 하는 설득 스피치이기 때문에 길게 늘어지는 문장은 호소력을 잃기 쉽습니다. 짧고 간결한 문장이 친구들의 마음을 움직이는 데 훨씬 효과적이지요. 다음의 연설문들을 비교해 보세요.

[공약1]

저는 여러분의 죽마고우(竹馬故友)처럼 진심이 통하는 회장이 되고 리더의 근본을 잃지 않고 항상 온고지신(溫故知新)하는 모습을 보이겠습니다. 저를 회장단으로 뽑아주시길 부탁드립니다.

➜ 수정 후

죽마고우(竹馬故友)라는 말을 아시나요? 오랜 친구라는 뜻입니다. 저도 여러분과 오랜 친구처럼 마음을 나누는 회장이 되겠습니다. 여러분과 항상 함께 하는 리더! 저를 꼭 뽑아주세요.

[공약2]

우리 학교에서 폭력이나 왕따를 강력히 금지하고 있지만 몇몇 반에서는 반 친구들을 따돌리는 행동이나 폭력을 쓰는 행동이 많이 나오고 있는데 이것은 정말 안 좋은 것이고 언어 폭력도 가끔씩 쓰는 친구들이 있어서 상처 받는 친구들이 많이 있습니다. 제가 회장이 되어 폭력이나 왕따 시키는 것, 그리고 언어 폭력을 하여 상처 주는 일을 강력하고 확실하게 없애도록 하겠습니다.

➜ 수정 후

우리 학교에서는 폭력이나 왕따를 강력히 금지하고 있습니다. 그러나 몇몇 반에서 아직도 왕따와 폭력, 언어 폭력까지도 남아있는데요. 이 때문에 상처받는 친구들이 많이 있습니다. 제가 회장이 된다면 우리 학교에 모든 폭력이 사라질 수 있도록 확실히 노력하겠습니다.

② 좋은 공약 찾기

"각 반에 냉장고를 놓겠다", "연예인을 초청하여 사인회를 하겠다", "학교에 오지 않는 날을 만들겠다" 등 너무 터무니없는 공약을 내걸면 듣는 아이들은 '이게 말이야 방구야?'하며 귀 닫고 눈 감게 됩니다. 실현 가능성이 있으면서도 친구들의 귀에 팍팍 꽂히는 공약이야말로 가장 중요하고도 어려운 일이지요. 좋은 공약을 찾기 위해서는 우리 반, 우리 학교를 잘 관찰해야 합니다. 뭐가 필요한지, 어떤 것을 고쳐야 하는지를 찾아내서 공약으로 만들면 좋습니다. 이때 많은 비용이 필요한 공약 대신 스스로 해결할 수 있는 공약을 찾는 것이 바람직합니다. 요즘 지나친 공약 경쟁 때문에 학교에서 문제가 된 경우가 많으니 아이의 학교 분위기를 잘 파악하고 적당한 공약을 선정해야 문제가 없을 것입니다.

우리 아이가 활용하면 좋은 공약에는 무엇이 있을까요? 일반적으로는 학교 폭력을 막는 공약, 학업을 잘할 수 있도록 도와주는 공약, 학교생활에 필요한 물품을 제공하는 공약, 학교에 편의시설을 제안하는 공약, 학교에 동아리활동을 건의하는 공약 등이 있습니다. 이외에도 우리 반, 우리 학교에 어울리는 맞춤 공약! 눈 크게 뜨고 찾아보면 '딱~ 좋은' 공약을 발견할 수 있답니다.

2 연설을 잘하고 싶은 아이

멋진 원고가 준비 되었다면 원고의 느낌을 살리는 표현기법을 연습해야 합니다. 회장선거 연설은 일반적인 발표와 달리 호감을 얻을 수 있는 설득기술이 많이 들어가야 좋습니다. 무조건 크게 소리만 지른다고 학급 친구들의 마음을 움직이기는 어렵기 때문입니다. 크게 외치는 부분도 있어야 하지만 작은 목소리로 강조하는 부분도 필요합니다. 빠르게 외치기도 해야 하지만 아주 천천히 늘여서 발음하는 것도 효과적이지요. 이렇게 다양한 목소리를 활용해서 귀에 쏙 들어오는 연설을 하며 학급, 학교 친구들에게 강한 인상을 남겨야 합니다.

연습을 할 때 엄마가 도와주어야 할 것은 거울을 보면서 입을 크게 벌리고 다양한 표정으로 연설할 수 있도록 하고 엄마, 아빠, 동생 등 모든 가족들 앞에서 연설해 보는 것이 있습니다. 만약 가족이 한 자리에 모이지 못한다면 집 안에 있는 모든 인형이라도 모아놓고 반 친구들 역할을 하게 해 보세요. 처음에는 '인형인데 뭐 별거 있겠어?'하던 아이들도 '인형이 뭐라고 이렇게 떨리나?'라는 생각을 할 것입니다. 인형의 눈을 바라보며 시선 이동을 연습하는 것도 잊지 마시고요.

① 원고에 맞는 목소리

연설을 할 때 원고의 내용에 따라 느낌을 강조하는 것은 아주 중요합니다. 많은 후보자 사이에서 조금 더 특별하게 보여야 표를 얻을 수 있기 때문입니다. 우리 반을 위해 발 벗고 나서겠다는 의지를 강하게 어필해야 하는데 연설에서 그 느낌이 나지 않으면 설득력이 약해집니다. 강조법 없이 밋밋하게 흐르는 연설은 아무리 친한 친구라해도 뽑고 싶다는 생각이 들지 않게 하지요. 흐물흐물거리는 목소리로 말하는 아이의 회장선거 스피치! 다음의 다섯 가지 강조법으로 생생함을 불러일으켜 볼까요?

▶ 높임 강조

강조하고 싶은 한 단어의 음높이를 위로 높여 말하는 강조법입니다. '꼭, 정말로, 바로' 등의 부사에 활용하여 뒤에 나올 말을 극적으로 꾸며 주면 좋습니다. 회장선거 스피치에서 가장 많이 사용하는 강조법인데요. 너무 자주 활용하면 산만해 보인다는 단점이 있으므로 유의해야 합니다.

▶ 낮춤 강조

한 단어의 음높이를 낮추어 강조하는 방법입니다. 주로 부정적인 이야기에 활용할 수 있습니다. 실망하거나 안 좋았던 일을 말할 때 사용하면 그 느낌이 그대로 전달되어 실감나게 표현할 수 있습니다.

▶ 늘임 강조

한 단어를 길게 늘여서 발음하는 강조법입니다. 재미있게 말하고 싶은 부분에서 활용하면 좋은데요. 보통 '정말로', '진짜' 등의 부사에 활용하는 것이 효과적입니다.

▶ 포인트 강조

콕콕 힘을 주며 말하는 강조법입니다. 회장선거 연설의 클라이맥스에서 강하게 강조할 때 주로 활용합니다. 이때는 호흡을 잘 조절하여 한꺼번에 센 호흡으로 내뱉을 수 있도록 도와주어야 합니다.

▶ 멈춤 강조

　가장 중요하다고 생각하는 부분 바로 앞에서 잠깐 멈추는 강조법입니다. 듣는 사람을 긴장시킴으로써 내 이야기에 집중할 수 있게 하는 방법입니다. 이때 멈춤 강조 뒤에 짧은 이야기가 나와야 더 효과적입니다. 멈춤강조 뒤에 이야기가 '어쩌구 저쩌구' 길게 이어져 나온다면 듣는 사람의 집중력은 떨어지고 멈춤의 효과도 뚝 떨어집니다.

[강조법 실전]

- 높임 강조 : 우리 반에는 건의함이 꼭 필요합니다.
- 낮춤 강조 : 학우 여러분! 작년 수학여행이 불발되어서 정말 실망하셨죠?
- 늘임 강조 : 이 한 몸 바쳐! 대～박 재미있는 학교 축제를 만들겠습니다.
- 포인트 강조 : 마루지 초등학교의 듬직한 일꾼!
　　　　　　　기호 1번 김상우를 꼭 뽑아주세요!
- 멈춤 강조 : 여러분, 지금 우리에게 필요한건? 웃음, 행복, 성실함이 아니라
　　　　　　그 모든 것을 갖춘 기호 1번 /// 김상우입니다.

② 임팩트 있는 스피치

버락 오바마(Barack Obama)의 연설, 스티브 잡스(Steve Jobs)의 연설을 보면 눈에 띄는 표현기법이 있는데, 바로 속도를 조절하며 말하는 것입니다. 빠름과 느림을 적절하게 사용해서 밀고 당기는 '속도 밀당 기술'은 세련된 스피치를 만들 수 있는 좋은 방법입니다. 아이가 쓴 원고 내용에 따라 빠르게 읽어야 할 부분과 천천히 늘여 읽어야 할 부분을 구분하여 연습해 봅시다.

▶ 빠름 강조

긴박하고 열정적으로 강조해야 할 부분에 활용하면 좋습니다. 이때 빠르게 말하다 보면 발음이 후루룩 흘러가 버릴 수 있는데요. 아이의 발음이 뭉개지지 않도록 신경 써주세요.

> 여러분의, 여러분에 의한, 여러분을 위한 회장이 되겠습니다.
> → 점점 빠르게

▶ 느림 강조

강조하고자 하는 부분을 느리게 말하는 방법입니다. 차분한 어조로 한 글자 한 글자를 꼭꼭 짚어 발음할 수 있도록 해 주세요.

> 회장이 되었다고 자만하지 않고, 임기가 끝나는 날까지 솔.선.수.범 하겠습니다.
> → 솔.선.수.범 : 조금 느리게

3 토론 선거가 두려운 아이

> *"으앙~ 나 기권할래."*
> *"연설문 외워서 말하는 것도 부담스러운데, 후보자들끼리 토론을 한다고?"*
> *"정해진 원고는 잘 읽을 수 있는데, 토론은 정말 어려워요."*
> *"후보자 토론에서 도대체 무슨 말을 해야 할지 모르겠어요."*

요즘 중학교뿐 아니라 초등학교에서도 일반적인 후보자 연설과 함께 토론 선거를 시행하는 학교가 늘고 있습니다. 토론 선거 연설은 후보자들끼리 상대의 공약에 대해 질문을 하고 그에 대한 대답을 하는 형태로 진행됩니다. 때로는 선생님이나 진행자가 직접 질문을 하는 경우도 있지요. 어떤 형태의 토론이든 토론 질문은 미리 공개되지 않고 당일 현장에서 바로 공개되는 것이 일반적입니다. 그래서 즉흥적으로 질문에 대한 답을 잘 하는 것이 토론 연설의 관건입니다.

① 토론 선거가 왜 중요한가?

1960년 미국에서 주목할 만한 사건이 있었습니다. 길지 않은 TV 토론 연설로 두 사람의 운명이 바뀐 일이었는데요. 미국의 37대 대통령 선거 TV 토론에 닉슨과 캐네디가 출연했을 때 일입니다. 연설이라면 타의 추종을 불허할 만큼 자신 있던 닉슨은 그날 이후 엄청난 결과를 받아들여야 했습니다. TV 토론 이후로 닉슨의 지지도는 바닥으로 곤두박질쳤고, 정치적으로 신인이었던 케네디는 엄청난 속도로 급부상하게 됩니다. 많은 전문가들이 그 이유를 TV 화면에 비친 두 후보의 이미지였다고 판단했습니다. 케네디는 느긋한 표정과 웃음 띤 얼굴로 카메라를 응시했고 닉슨은 땀을 흘리며 인상을 쓴 모습을 하고 있었기 때문에 시청자들은 무엇을 말하든 케네디가 더 믿음직스럽다고 느꼈다는 것이지요. 그 이후로 TV 토론에서는 내용도 중요하지만 화면으로 비춰지는 모습이 얼마나 호감을 주는지도 결과에 큰 영향을 미친다는 것을 알게 되었습니다.

우리 아이들의 선거도 마찬가지입니다. 요즘 많은 학교들이 방송 토론 선거를 시행하고 있기 때문에 카메라를 보는 시선처리와 표정관리도 중요한 요소입니다. 당연히 여유로운 몸짓과 말투도 필요합니다. 특히 토론 연설 중 다른 후보자들과 함께 한 화면에 나오는 경우를 대비하여 시선의 방향도 미리 연습해 놓을 필요가 있습니다. 예를 들어 '카메라-상대후보-내 원고'의 순서대로 시선을 옮기는 연습을 하면 당황하지 않을 수 있습니다. 연설 준비를 하느라 전날 밤을 새서 컨디션이 좋지 않은 상태로 학교에 가는 일은 없도록 해 주세요. 푹 자고 깔끔한 인상으로 기분 좋게 토론에 참여해야 합니다. 컨디션이 좋으면 생각했던 것보다 더 말이 잘 나올 수도 있답니다.

② 토론 선거 준비하기

토론 선거는 아무리 준비를 많이 했더라도 즉흥적으로 대응해야하는 상황이 많이 발생하는데요. 여기에 도움이 될 만한 두 가지 연습 방법이 있습니다.

첫째는 논리적 말하기 연습, 둘째는 미디어 트레이닝(카메라 촬영)입니다. 그러나 이 두 가지 준비는 선거 하루 전날 번갯불에 콩 구워먹듯 후다닥 준비한다고 해서 되는 것이 아닙니다. 오랜 시간동안 연습을 해야 좋아지는 부분이죠. 논리적인 말하기 연습은 평소에 친구나 엄마와 이야기할 때 자신의 의견에 대해 근거를 찾아서 부연 설명을 하는 것이 도움이 됩니다. 무조건 '그냥~'하고 얼버무리며 말하는 것이 아니라, '내 생각에는~'하며 본인의 생각을 명확히 말하는 것이 중요하지요.

둘째, 미디어 트레이닝은 카메라를 두려워하지 않는 연습입니다. 방송 토론이 많이 사용되고 있는 만큼 카메라에 익숙해지는 것 또한 중요합니다. 많은 친구들이 핸드폰을 손에 끼고 살면서도 본인의 영상을 찍을 땐 핸드폰을 두려워합니다. 어색해서 그런 것이지요. 어색함을 극복하기 위해서는 동영상을 찍어 자신의 모습을 모니터링 하는 등 카메라 화면에 나오는 나의 얼굴을 보는 것에 익숙해져야 합니다. 아이에게 카메라 너머에 청중이 있다고 상상하며 본인의 공약에 대해 하나씩 말하게 하고 그 모습을 카메라로 찍어주세요. 영상을 함께 보면서 서로가 느낀 것을 공유하고, 자세나 시선처리 등을 보완하는 연습으로 실전에서도 큰 도움을 받을 수 있답니다.

③ 실전 토론 선거

서울의 한 초등학교, 외국어 고등학교 등 많은 학교들에서 실제로 전교회장 선거를 할 때 가장 중요하게 당락을 결정하는 것이 바로 토론 선거입니다. 이를 중요시하는 이유는 아주 분명합니다. '진짜를 가려내겠다'라는 방침이지요. 그래서 후보 아이들도 가장 긴장하고 유권자 아이들도 가장 호기심 있게 보는 것이 방송 토론입니다. 그러나 많은 아이들이 어떻게 준비해야 하는지 걱정이 앞설 뿐, 제대로 방법을 모르고 있어서 연설을 잘 하고도 토론에서 밀리는 경우가 많습니다. 실제로 토론 선거를 준비하기 위한 과정을 알아볼까요?

▶ 나의 공약 분석하기

나의 공약을 꼼꼼하게 분석합니다. 실행할 수 있는 구체적인 방법을 생각해야 허황된 공약이 되지 않습니다. 만약 실행했을 때 생길 수 있는 문제점도 짚어보고 보완 방법을 생각해 놓아야 합니다.

▶ 상대측 공약 분석하기

나의 공약을 분석했던 것처럼 상대측의 공약도 어떻게 실행할 수 있는지 알아 두어야 합니다. 그리고 실현 가능성이나 어떤 방법으로 공약을 실천할 것인지에 대한 구체적인 질문거리를 준비해야 합니다.

▶ 육하원칙에 따른 질문하기

'누가, 언제, 어디서, 무엇을, 어떻게, 왜'의 육하원칙을 적용하여 질문하면 선거 방송을 보는 친구들이 나를 더 논리적인 아이라고 생각하여 신뢰를 줄 수 있습니다. 또 스스로도 정리가 더 잘 되어 질문을 잘할 수 있습니다.

▶ 질의응답 매너 지키기

아무리 완벽하게 공약을 준비했더라도 빈틈이 있을 수 있습니다. 다른 후보자들이 나의 공약을 지적할 때 변명하거나 발끈하여 기분 나쁜 표정을 짓는 것은 최악의 반응입니다. 상대방이 어떤 지적을 하더라도 '네, 좋은 질문 감사합니다', '네, 아주 좋은 지적이십니다', '제가 생각할 때는' 등의 긍정적인 답변으로 질의응답 매너를 지키며 토론에 임하면 토론을 즐기고 있다는 느낌을 주어 표심을 잡을 수 있습니다.

이지은 선생님
도와주세요!

Q 전교회장 선거 준비는 어떻게 하나요?
엄마의 질문

A 전교회장을 뽑는 선거는 규모도 크고 준비해야 할 것도 많습
선생님의 답 니다. 어른들 정치세계의 축소판이라고 볼 수 있는데요. 물론 어른들의 선거 비리나 선거법 위반을 모방하는 일은 결코 있어서는 안 되겠지요. 어렸을 때부터 공정하고 깨끗한 선거를 경험하게 하는 것이 중요합니다. 정해진 규칙 안에서 효과적으로 준비하기 위해서는 계획을 잘 세워야 합니다. 학교의 지침대로 정해진 날짜에 접수를 하고 연설문과 벽보 등을 준비해야 하는데요. 조금 더 효과적으로 준비하기 위해서는 모든 것을 꿰뚫고 있는 총 감독이 필요합니다. 엄마가 되었든 스피치 선생님이 되었든 하나의 콘셉트를 잘 잡고 진두지휘를 할 역할입니다. 사공이 많으면 배가 산으로 가듯 아이, 엄마, 아빠, 선생님, 친구들 모두 제각각 따로 주장한다면 빠른 시간 내에 효과적으로 성공하기 어렵겠지요.

전교회장 연설은 공약이 중요합니다. 학교 상황에 맞는 공약, 학생들에게 정말 필요한 공약이 관건입니다. 따라서 공약을 잘 세우고 그 공약을 어떻게 실천할 수 있을지에 대한 구체적인 계획을 세워야 합니다. 그 내용을 바탕으로 연설문을 작성하고, 연설문을 바탕으로 벽보와 피켓을 준비합니다. 이때 벽보와 피켓은 통일감을 주는 것이 좋겠죠?

만약 중고등학교 전교회장 선거라면 학교에 따라 토론이나 찬조 연설과 같은 검증 작업이 필요할 수 있습니다. 토론을 하는 학교라면 토론 연설이 유권

자들의 마음을 움직일 수 있는 가장 중요한 시간이 될 것입니다. 그래서 중고 등학교 회장 후보들은 일반 연설뿐 아니라 토론 연설 준비도 철저하게 해놓는 것이 좋습니다. 전교회장이라는 자리는 내가 필요해서 쟁취하는 자리가 아닙니다. 학교를 위해 성실하게 일을 할 학생 대표를 뽑는 자리입니다. '그냥 한 번 해볼까?'하는 가벼운 생각보다는 '학교를 위해 무엇을 할 수 있을까?'를 진지하게 고민하고 도전하는 것이 회장이 되어 한 학기, 혹은 1년을 보람되게 보내는 길이 될 것입니다. 전교 회장에 도전하는 친구들! 처음부터 마지막까지 진정한 리더의 모습을 보여주세요! 미래의 리더는 바로 당신입니다.

Q 엄마의 질문
한두 표 차이로 계속 떨어지는 우리 아이, 또 출마해도 될까요?

A 선생님의 답
간단하게 말씀 드리면, 답은 아이의 마음에 있습니다. '다시는 안 나가'하고 결심한 친구도 있을 것이고, '이번엔 꼭 되고야 말겠어'하고 결심한 친구도 있을 것입니다. 두 경우 모두 진심으로 이해하고 응원해 주어야 합니다. 다시는 안 나간다고 생각하는 아이는 자신이 한 노력을 인정받지 못한 것에 대해 서운하고 창피한 생각에 스스로에게 투쟁하고 있는 중이니까요. 그리고 다시 나가겠다고 결심한 아이의 마음도 불안하기는 마찬가지일 겁니다. 하지만 한 번 더 도전하면 승산이 있을 것이라는 생각이 들었기 때문에 재출마를 결심한 것이지요. 그러나 실패가 지나치게 자주 반복되면 두 가지 문제가 생길 수 있습니다.

첫째, 스스로를 실패만 하는 사람이라고 생각하게 되는 경우. 둘째, 아이의 실패를 다른 친구들이 우스갯거리로 삼거나 무시하게 되는 경우입니다.

첫 번째 경우는 아이의 자존감과도 깊은 연관이 있습니다. 예를 들어 달리기에서 항상 3등을 하던 아이는 2등과 1등을 제치고 혼자 앞서 나가는 경험을 하지 못했기 때문에 자신이 더 빨리 달릴 수 있는 상황이 왔을 때에도 스스로 속도를 줄이게 됩니다. 그래서 3등으로 들어와서 아쉽지만 더 나빠지지 않은 결과에 만족하게 되는 것이지요. 엄마들은 아이가 스스로의 능력을 제한하고 있지는 않은지 관찰하고 수정해 주어야 합니다. 혼자 하기 어려워한다면 회장선거를 함께 준비하는 것도 필요합니다.

두 번째 경우는 아이의 실패를 다른 친구들이 우습게 여기는 것입니다. '계속 떨어진 아이니까 또 떨어져도 당연한 거야'라고 생각하거나 '쟤는 원래 그래'하고 무시해 버리는 경우가 있다면 아이는 연설뿐 아니라 그 이후의 학교생활에서도 자신감을 잃게 될 것입니다. 이전 연설에서 실패의 원인이 무엇인지 반드시 찾아내서 성공을 경험하게 하는 것이 필요합니다. 공약이 부실했는지, 연설할 때 자신감이 없었는지, 아니면 평소 생활에서 친구들과 교류가 부족했는지를 꼼꼼히 알아보고 새로운 분위기에서 다시 도전할 수 있도록 계획을 세워야 합니다. 아이의 특성에 맞게 실패 요인을 분석하고 다시 도전하게 도와주는 것이야말로 미래의 리더가 될 아이들을 도와줄 수 있는 어른들의 몫입니다.

Q 회장선거 연설문, 하나만 알려주세요!

엄마의 질문

A [첫 번째 연설문]

선생님의 답 안녕하세요. 이승주입니다.

여러분! 배신자 광수, 능력자 종국, 유임스 본드 재석! 하면 무엇이 떠오르세요?

바로 런닝맨입니다. 저는 런닝맨 같은 반을 만들겠습니다. 그 이유는

첫째, 런닝맨은 재미있습니다.
여러분이 우울할 때 런닝맨처럼 즐거움을 드리겠습니다.

둘째, 런닝맨은 인기가 많습니다.
우리 반도 공부, 운동을 모두 잘해서 인기가 많은 반이 되도록 노력하겠습니다.
그렇게 된다면 다른 반 친구들도 우리를 부러워할 것입니다.

셋째, 런닝맨처럼 달려가겠습니다.
걷지 말고 뛰어라!
런닝맨은 이름표를 뜯기 위해 달리지만 저는 우리 반의 행복을 위해 달리겠습니다. 여러분이 불러만 주시면 런닝맨처럼 빠르게 달려가서 도와드리겠습니다.

3학년 1반의 행복 레이스 스타트! 저 이승주를 꼭 뽑아주세요. 감사합니다.

[두 번째 연설문]
안녕하세요. 회장 후보 이승주입니다.
여러분! 4학년이 된지 일주일이 지났는데요. 새 학년, 새 학기에 여러분과 같은 반이 되어 정말 좋습니다. 제가 회장이 된다면 우리 4학년 1반을 예쁜 색깔로 만들고 싶습니다.

첫째, 노란색과 같은 반으로 만들겠습니다. 노란색을 보고 있으면 마음이 따뜻해집니다. 저도 따뜻한 마음으로 친구들에게 먼저 다가가는 회장이 되겠습니다.

둘째, 우리 반을 흰색과 같은 반으로 만들겠습니다. 흰색은 다른 어떤 색과도 잘 어울리지요? 우리 반 친구들 모두가 함께 잘 어울릴 수 있는 반이 되도록 노력하겠습니다.

셋째, 우리 반을 보라색과 같은 반으로 만들겠습니다. 빨간색과 파란색이 서로 잘 섞여 보라색이 되듯, 사이좋은 반으로 만들겠습니다.

여러분! 저와 함께 우리 반을 예쁜 색깔로 칠해 보시면 어떨까요?
저를 회장으로 꼭 뽑아주세요!
감사합니다.

[세 번째 연설문]
안녕하세요. 회장 후보 이승주입니다.
저는 무지개와 같은 2학년 1반을 만들고 싶습니다.
무지개는 여러 가지 색깔이 모여 하늘을 아름답게 만들죠?
저도 2학년 1반을 무지개처럼 아름답게 만들겠습니다.

첫째, 무지개처럼 사이좋은 반을 만들겠습니다.

둘째, 무지개처럼 기분 좋은 반을 만들겠습니다.

여러분! 저와 함께 무지개 같은 2학년 1반을 만들어 가보면 어떨까요?

이! 이젠 마음의 결정을 해 주세요!
승! 승부차기처럼 짜릿한 한 표!
주! 주세요~ 주세요~ 저한테 주세요!

이승주! 저를 꼭 뽑아주세요! 감사합니다.

"경청은 리더가 되기 위한
기본이랍니다."

"

자존감을
높여주고 싶어요.

"

CHAPTER

5

스피치를 통해 아이의
자존감과 사회성을 높여 볼까요?

'또래대화'를 위한
고수의 비법

"우리 아이는 뭐든지 시작하기도 전에 못한다고 말해요."
"눈치만 보고 속에 있는 말을 안 해요."
"조금만 꾸중을 들으면 한없이 우울해해요."

7세 사춘기가 제대로 찾아 왔다며 어찌해야 할지 모르겠다고 찾아온 학부모의 말씀이 생각납니다. 보통 여자 아이는 남자 아이보다 사회적으로 눈치가 먼저 발달하게 되는데요. 이 아이 역시 사회적 눈치가 빨리 생겨서 약간 예민한 구석이 있었습니다. 7세가 되면서 모든 일을 할 때 다른 사람이 자기를 비웃을 것 같아서 아무것도 하기 싫다고 하고, 무슨 일을 시작하기도 전에 못할 것 같다며 슬그머니 피해 버린다는 것이지요. 이렇듯 자존감이 급격히 낮아지는 시기가 있습니다. 아이들도 성장하면서 어려운 시기를 겪게 되고 그 시기를 이겨내면서 성장합니다.

보통 아이들은 생후 1년 이내에 또래를 인식하기 시작합니다. 돌 전후의 아이를 데리고 문화센터나 모임에 나가면 우리 아이의 눈동자가 같은 또래의 아이들을 좇는다는 것을 알 수 있지요. 그리고 엉금엉금 기어가서 다른 아이가 물고 있는 장난감을 건드려보기도 하고 얼굴을 꼬집기도 하는 등 관심을 표현합니다.

3살 무렵에는 또래와 함께 무언가를 하는 것을 인식하여 기쁨을 느낍니다. 이후 어린이집이나 유치원 등에서 친구라는 개념이 만들어지면서 함께 놀아야 할 상대로 인식하게 되지요. 하지만 이 시기의 관심은 단순한 놀이 대상으로서의 관심일 뿐이지 상호관계에서 공감을 하거나 교류하는 것은 아닙니다. 5세 무렵까지는 엄마나 선생님 등 주 양육자에 대한 의존도가 크고 어른들에게 받는 칭찬이나 보상이 더 중요하게 여겨지는 시기입니다. 이 시기까지는 또래관계에서 크게 상처를 받거나 줄 일은 드물지요. 엄마나 선생님이 적극적으로 개입하기도 하고, 또 서로 독립적인 놀이를 주로 하기에 마음 상할 일이 없기 때문입니다.

그러나 문제는 6~7세 무렵부터 나타납니다. 친구관계를 맺는 것에 대해 관심이 생기고 친구가 하는 것을 따라하며 함께 무언가를 하는 것에 대해 소속감을 느끼는 시기이기 때문이죠. 그런 과정에서 노는 방법, 말을 건네는 방법, 친구의 말에 귀를 기울이는 방법, 양보하는 방법 등을 자연스럽게 익히게 됩니다. 이런 과정이 물 흐르듯 문제없이 흘러가면 좋으련만, 많은 아이들이 서로 상처를 주고받고 또 좌절하기도 합니다. 앞서 말한 7세 여자 아이처럼 자존감이 낮아서 뭐든지 못한다고 말하기도 하고, 어떤 아이는 자기 마음대로 안 되면 장난감을 던지거나 친구를 때리는 행패를 부리기도 합니다. 또 다른 아이는 관심이 없는 것은 거들떠보지도 않고 무시하기도 합니다. 아이들이 만드는 이런 여러 가지 난감한 상황들은 아이의 특성을 정확히 알지 못하면 베테랑 엄마라도 당황스럽지요.

뭐든지 못한다고 하는 아이들은 최근 무언가에 도전했는데 반응이 썩 좋지 않았던 경우가 있었는지 반드시 살펴보아야 합니다. 그 원인을 찾아야 아이의 문제행동을 해결할 수 있기 때문이죠. 어른들은 별거 아니라고 생각하는 것도 아이들에게는 큰 상처가 될 수 있습니다. 과격한 언니나 오빠들이 아이를 놀렸다든지, 생각 없는 어른들이 아이를 우스갯거리 삼아 농담을 했다든지 등의 사건이 없었는지 살펴보고 해당하는 일이 있었다면 아이의 마음을 풀어주어야 합니다.

"네가 못했던 것이 아니라 다른 사람이 결과만 봐서 그래. 사실 과정이 더 중요하거든. 그렇게 보는 사람이 잘못된 거야"

"아마 너 정도 하는 아이들은 없을걸? 엄마가 7살 때 너만큼 한다는 건 상상도 못했을 일이야" 등의 이야기로 아이의 기를 살려 주세요.

이밖에도 심리적인 스트레스로 일상생활에 어려움을 겪는 아이들의 고민을 세 가지로 나누어 정리해 보았습니다. 마음속의 스트레스를 없애고 또래 커뮤니케이션을 원활하게 만드는 세 가지 마음 스피치 코칭, 차근차근 살펴볼까요?

1 자존감이 낮은 아이

☑ 체크 리스트

〈우리 아이 자존감〉

① 이야기할 때 시선을 잘 마주치지 못한다. ·· ☐
② 테스트를 할 때 유독 긴장을 많이 하는 편이다. ································· ☐
③ 우울하게 보일 때가 종종 있다. ··· ☐
④ "난 잘 못하잖아"라는 말을 자주 한다. ·· ☐
⑤ 친구들이 "너 하지 마"라고 하면 대응하지 못하고 가만히 있다. ·········· ☐
⑥ 하기 싫은 놀이라도 친구가 안 놀아 줄까봐 다 따라하는 편이다. ········· ☐
⑦ 반장선거에서 떨어질까 봐 절대 나가지 않겠다고 한다. ····················· ☐
⑧ 선생님한테 한 번 꾸중 들은 걸로 '선생님이 나 싫어해요'라고 단정 짓는다. ☐
⑨ 그림을 그리거나 글씨를 쓸 때 잘못 그렸다고 자꾸 고치고 또 고친다. ······ ☐
⑩ 대답을 할 때 엄마가 원하는 대답을 하려고 애쓴다. ·························· ☐

1개 컨디션에 따라 좋을 때도 있고 나쁠 때도 있어요. 걱정하지 말고 잘 관찰해 주세요.

2개~4개 친구들과 어울릴 수 있는 환경을 많이 만들어주고 놀게 해요.

5개 이상 자존감 스피치 훈련으로 차근차근 자존감을 높여 보아요.

사전적 정의에 따르면 자존감이란 자기 자신을 존중하고 배려하는 감정이라고 합니다. 사실 자존감이 중요하다고 여겨진 지는 그리 오래된 일이 아닙니다. 불과 10여 년 전만 해도 자신감 있는 아이로 크는 것을 강조했지, 자존감이 중요하다고 생각하는 경우는 드물었지요. 그런데 자신감이 넘치는 아이와 자존감이 높은 아이의 특징이 서로 다르게 나타나는 것을 보며 자존감의 중요성이 날로 커지기 시작했습니다. 자신감이 높은 아이는 수업시간에 자신 있게 나서기는 하지만 어려움이 닥쳤을 때 쉽게 포기하고 물러서 버리는 경우가 많습니다. 또 실패한 자신을 보며 자책하거나 경쟁상대가 잘 되는 것을 보면 패배를 인정하지 않고 분개하는 모습을 보이기도 합니다. 결국 자신이 잘할 수 있는 분야에서만 자신감을 드러내게 되는 것이죠.

하지만 자존감이 높은 아이들은 실패하는 것을 두려워하지 않습니다. 물론 실패한 순간에는 두렵고 슬픈 감정을 느끼지만, 바로 마음을 추스르고 다음에 어떻게 행동할지 계획을 세워서 좌절에서 빨리 빠져 나오는 특성이 있습니다. 실패했다고 모든 게 끝났다고 생각하지 않기 때문입니다. 이것이 아이들에게 자존감이 필요한 이유이지요. 자기 자신을 믿는 자존감, 키즈스피치로 우리 아이의 자존감을 높이기 위한 두 가지 훈련법을 알아볼까요?

① 관계 자존감 높이기

인간은 본능적으로 힘이 세고 강해지고 싶어 합니다. 또 다른 사람들에게 인정받으며 중요한 위치에 있다는 느낌을 받는 것을 좋아하지요. 그리고 그런 위치에 있을 때 안전하다는 느낌과 뿌듯한 성취감을 느낍니다. 아이들은 어른들보다 체구도 작고 힘도 약하기 때문에 자신의 위치가 불안하고 스스로를 하찮은 존재라고 여길 수 있습니다. 이런 감정을 많이 느끼는 아이들은 무엇을 하든 '자신이 없어' 또는 '나는 못할 거야'라고 생각하고 미리 포기해 버립니다. 이런 아이들에게는 다른 사람과의 관계 속에서 자신이 중요한 사람이라고 느낄 수 있도록 '관계 자존감'을 높여주는 방법이 필요합니다.

아이의 행동이 주위 사람들에게 좋은 영향을 준다는 것을 이야기해 주고 아이의 행동이 긍정적인 결과를 불러왔다는 성취감도 느낄 수 있도록 해 주세요.

> [게임 솔루션]
> 가족이 모두 모인 자리에서 '신뢰 게임'을 합니다. 엄마는 뒤를 보고 서 있고 아이와 아빠는 엄마의 등 뒤에 섭니다. 엄마가 눈을 감고 "나는 우리 승주가 엄마를 지켜줄 거라고 믿어. 엄마가 뒤로 누우면 우리 승주가 받쳐 주겠지. 그렇지?"하고 아이에게 묻습니다. 아이는 "네, 엄마 저를 믿으세요. 하나, 둘, 셋"이라고 신호를 줍니다. 그 신호를 들으면 엄마는 그대로 뒤로 눕습니다. 아이와 아빠는 정성스럽게 엄마를 받쳐줍니다.

이 게임을 통해 아이는 자신의 말이 엄마를 안심시켰다는 것, 자신의 말을 듣고 엄마가 의심 없이 행동을 했다는 것을 보며 자신의 말이 다른 사람과의 관계에서 아주 중요한 위치에 있다는 느낌을 받게 됩니다. 이 순간 가족 간의 신뢰도 쌓이고 아이의 '관계 자존감'도 높아질 수 있습니다.

> [대화 솔루션]
> - 우리 승주 덕분에 엄마가 설거지를 다 했네?
> - 승주가 도와줘서 아빠가 일을 더 빨리 끝낸 것 같아. 고마워.
> - 승주가 있어서 엄마가 힘이 나는 걸?

아이의 도움으로 상대가 긍정적인 에너지를 얻었다는 것을 암시하는 대화를 자주 나누면 아이의 성취감은 배로 늘어나게 됩니다.

② 언어 자존감 높이기

할아버지, 할머니, 아빠, 엄마, 삼촌 등 온 가족이 함께 살았던 시절, 할아버지의 기침 소리에 모든 식구가 귀를 쫑긋 기울이고 할아버지의 호통 소리에 괜히 기가 죽었던 기억이 있을 것입니다. 할아버지의 말씀이 곧 법처럼 생각 되었던 시절, 그때 우리는 왜 그랬던 걸까요? 할아버지의 언어 영향력이 엄청났기 때문이지요. 우리 아이들도 적당한 선에서 그런 언어적인 영향력을 느낀다면 어떨까요? 자신의 말을 귀담아듣는 가족들을 보며 자신이 중요한 말을 하고 있다는 생각을 하게 되고 주위 사람들이 자신의 말을 적극적으로 알아듣고 행동으로 옮기게 된다면 더할 나위 없이 행복감을 느낄 것입니다. 이런 과정을 통해 아이의 '언어 자존감'이 높아질 수 있습니다.

[게임 솔루션]

가족이 모여서 합동 보물찾기 게임을 합니다. 아빠는 눈을 가리고 있고 아이는 "오른쪽, 왼쪽, 앞으로, 뒤로" 등으로 방향을 지시하면서 아빠가 보물을 찾을 수 있도록 말로 안내를 합니다. 아이가 방향이나 거리를 안내하는 정확한 말을 사용할 수 있도록 미리 알려주고 게임을 진행하면 더 효과적입니다.

이 게임을 통해 아이는 아빠나 엄마가 자신의 말에 귀를 기울이며 그대로 행동하는 것을 보며 자신의 말이 아빠를 도와줄 수 있다는 사실을 깨닫고 '언어 자존감'이 쑥쑥 높아지게 됩니다.

[언어 솔루션]

- 그랬구나. ~란 말이지?
- 아, 네 생각에는 ~라는 말이구나?
- 우리 승주 이야기가 아주 중요한 말인걸? 잘 기억해 두어야겠네.

아이의 말이 중요하다는 것을 알려주는 대화 기법을 통해 아이의 언어 자존감을 높여주세요.

다음의 글을 큰 소리로 읽어보세요. 자존감이 쑥쑥 자라날 거예요.

내 마음에는 슬픔이 있어요.
내 마음에는 두려움도 있어요.
내 마음에는 안타까움도 있어요.
내 마음에는 후회도 있어요.

그리고

내 마음에는 즐거움이 있어요.
내 마음에는 설렘이 있어요.
내 마음에는 기대감이 있어요.
내 마음에는 행복이 있어요.

내 마음에는 수많은 감정이 있어요.
내 감정은 모두 소중하고 값진 것이랍니다.

2 사회성이 부족한 아이

〈우리 아이 사회성〉

① 낯선 환경에서 새로운 친구를 사귀는 데 어려움이 있다. ······················ ☐
② 친구에게 관심을 보이지 않고 먼저 말을 걸지 않는다. ······················· ☐
③ 화가 나면 물건을 던지거나 갑자기 흥분하여 소리를 지른다. ············· ☐
④ 한 친구와 놀이의 종류를 바꿔가며 오랫동안 놀지 못한다. ··················· ☐
⑤ 여러 친구와 함께 있을 때 무리에 적응하지 못하고 혼자 떨어져서 논다. ··· ☐
⑥ 친구의 이야기에 귀를 기울이지 않고 자기 말만 떠든다. ····················· ☐
⑦ 친구에게 관심이 없는 것처럼 보인다. ·· ☐
⑧ 다른 사람의 기분을 신경 쓰지 않는 것 같다. ································· ☐
⑨ 친구들과 유머코드가 다른 것 같다. ·· ☐
⑩ 사람들이 많은 곳에는 가기 싫어한다. ·· ☐

1개 컨디션에 따라 좋을 때도 있고 나쁠 때도 있어요. 걱정하지 말고 잘 관찰해 주세요.

2개~4개 친구들과 어울릴 수 있는 환경을 많이 만들어 주고 놀게 해 주세요.

5개 이상 사회성 스피치 훈련으로 차근차근 사회성을 높여 보아요.

어릴 때는 마냥 귀여운 모습을 보였던 우리 아이가 학교에 들어갈 무렵이 되니 산만한 것 같기도 하고 친구들에게 영 관심이 없는 것 같기도 해서 걱정이 된다는 부모들이 많습니다. 이는 아동 사회성과 관련이 있습니다. 아동 사회성이란 아이가 속해 있는 사회 환경 속에서 그 구성원으로 성장해 가는 과정을 말합니다. 아이는 주변 사람들을 보며 언어나 사고방식, 생활습관, 규범 등을 배우고 자신의 상황에 맞게 응용해

나갑니다. 그러나 여러 가지 이유로 인해 사회성이 발달하는 과정에 문제가 발생하는 경우 타인과의 교류능력, 공감능력이 떨어지며 사회성이 부족한 아이가 됩니다. 이런 아이들은 대표적으로 두 가지 형태로 나누어 볼 수 있는데, 첫째는 너무 산만해서 주의 집중력이 떨어지는 경우, 둘째는 지나치게 소극적이고 민감한 성향인 경우가 있습니다.

우리 아이가 사회성이 부족하다는 판단이 들면 지체하지 말고 바로 전문가의 도움을 받는 것이 좋습니다. '시간이 지나면 좋아지겠지'하는 생각으로 사회성 발달의 적기를 놓치는 경우를 많이 보았기 때문입니다. 또 그 시기를 놓치게 되면 아이는 사춘기에 접어들면서 자신을 학대하기도 하고 세상과 단절되는 등의 더 큰 문제가 생길 수 있습니다.

얼마 전 마루지를 찾아왔던 초등학교 4학년 아이가 생각이 납니다. 면담을 하는 20여 분 내내 질문자나 질문 내용에 관심을 두지 않고 주변을 두리번거리기만 했습니다. 그러다가 가끔 질문과는 상관없는 표정을 지으며 피식 웃어 보이더니 맨 처음에 말했던 질문을 기억해서 그것과 관련된 대답을 하기 시작했습니다. 그러더니 갑자기 일어서서 엄마에게 가는 행동을 보였습니다. 학부모와 긴 면담을 통해 아이가 '아스퍼거 증후군' 확정은 아니지만 의심상태라는 사실을 알게 되었습니다.

[아스퍼거 증후군]

아스퍼거 증후군은 만성 신경정신질환으로 언어발달 지연과 사회적응의 발달이 지연되는 것이 특징입니다. 아스퍼거 증후군의 정확한 원인은 알려져 있지 않으며, 이 질환을 가진 환아들은 다른 사람들의 느낌을 이해하지 못하고, 고집이 비정상적으로 셉니다. 또한 의사소통에 서툴고 사회적 신호에도 무감각하며, 특별히 관심 있는 것에만 강박적으로 빠져드는 경향을 보입니다.

(출처 : 희귀질환 정보, 질병관리본부 희귀질환헬프라인)

    이 아이는 병원 치료와 함께 사회성을 기르기 위한 스피치 훈련을 진행했습니다. 타인의 감정을 알아보고 활용하는 다양한 훈련을 8개월 동안 꾸준히 하면서 다행히 조금씩 변화를 보였습니다. 위의 아이처럼 심각한 상태는 아니지만 약간의 사회성 부족은 누구에게나 나타날 수 있습니다. 우리 아이들도 긴장상태가 오래 지속되거나 심한 스트레스를 받는 경우에는 사회성이 일시적으로 부족하게 되기도 하고 부모의 압박으로 그 증상이 더욱 심해지기도 합니다. 심한 경우에는 병원에서 정확한 진단을 받고 치료를 해야겠지만 약간의 사회성 문제 정도는 스피치 훈련으로 도움을 받을 수 있습니다. 아이의 특성을 파악하고, 또래와 재미있게 어울리고 소통하는 스피치 훈련을 통해 아이의 사회성을 키워 나가면 됩니다. 산만한 모습을 보이는 아이와 소극적인 모습을 보이는 아이, 이 두 가지 부류로 나누어 보고 그에 따른 구체적인 해결 노하우를 알아볼까요?

① 산만한 아이 해결 노하우

후다다닥.

우당탕 탕탕.

상담시간 30분 동안 1분도 가만히 있지 못하는 아이들이 있습니다. 앞에 있는 공책을 구기거나 찢는 아이도 있고, 신발을 벗고 의자에 올라가 앉아 옆에 있는 화장지를 뽑아 날리는 아이도 있습니다. 상상하기 어렵겠지만 의자 밑에 들어갔다가 나왔다를 열 번 반복하는 아이도 있습니다. 조금 진정이 된 것 같아 보여서 "자, 이제 의자에 앉아서 이야기해볼까?"라는 말에 고맙게도 아이들은 엉덩이를 붙이고 앉지만 손가락을 꺾거나 손톱을 뜯거나 하는 행동을 멈추지는 않습니다. 문제는 이런 행동이 상담시간에만 나타나는 게 아니라는 것입니다. 학교나 유치원에서도 아이 때문에 수업이 안 된다고 할 정도로 한시도 가만히 있지 않고 친구들과 놀 때도 진득하게 앉아서 놀이를 하지 못합니다. 마트나 공원 등 공공장소에서도 마찬가지이지요. 마트 전체를 집어 삼킬 듯이 폭주하는 기관차처럼 에너지가 넘치는 아이를 보며 엄마는 속상하고 걱정되는 마음에 눈물과 짜증이 터져 나오기도 합니다.

이런 행동을 지속적으로 하는 아이는 주의력결핍 과잉행동장애(ADHD) 증후군을 의심해 보아야 합니다. 이 증후군은 아동기에 많이 나타나는 장애로, 일상생활에서 충동적이고 과다한 언어가 나타나는 특징이 있습니다. 문제는 이런 부분을 타인에게 지적 받는다 하더라도 스스로 고치거나 제어하는 자제력이 부족하여 쉽게 나아지지 않는다는 것입니다.

이런 특성의 아이는 초등학교 3·4학년으로 갈수록 또래관계에서 심한 타격을 입을 수 있습니다. 주의력 결핍의 충동적 증상에는 또래와 대화를 할 때 대화의 순서를 기다리지 못하거나, 다른 사람의 말을 잘 듣지 않고 자기 생각만 늘어놓는 증상이 있습니다. 또 상대방의 질문을 끝까지 듣지 않고 대충 대답하거나 다른 아이들의 이야기에 끼어들어 엉뚱한 이야기를 하기도 합니다. 초등학교 3·4학년 쯤 되면 다른 친구들도 이런 특성의 아이와 대화하는 것을 불편해 하고 피하게 되어 또래 관계를 정상적으로 유지해 나가기 어렵지요.

산만한 우리 아이, ADHD 증후군을 이기는 세 가지 훈련법을 알아봅시다.

▶ 주변 정리하기

산만한 아이는 일단 주변에 호기심을 끌 만한 물건이 많으면 산만함이 더 두드러지게 나타날 수 있습니다. 시끄러운 공원이나 놀이동산에서 진지한 대화를 시도하려 하지 말고 집이나 한적한 공간에서 대화를 시도하는 것이 좋습니다. 또 거실 가득 아이의 장난감이 흩어져 있는 상태라면 먼저 장난감을 정리한 후 아이와 차분히 앉아서 이야기를 시작합니다. 그리고 바닥에 앉는 좌식 책상보다는 의자와 책상을 마련하여 앉아서 훈련을 하는 것이 좋습니다. 좌식 책상은 책상 위로 기어서 올라오거나 바닥에 드러누워서 장난을 치기 쉽기 때문이지요.

▶ 소리에 민감한 특성 활용하기

ADHD 특성이 있는 아이는 글자나 책 등에 관심을 보이기보다는 신기한 물건, 소리 등에 더 관심을 보입니다. 책을 읽어야 한다고 해서 못 움직이게 꽉 잡아 놓고 책을 코앞에 들이댄 채로 공부를 시키면 책을 찢어버리거나 책에 구멍이 날 때까지 공격적으로 낙서를 하는 경우도 있습니다. 대신 소리에 민감한 아이의 특성을 활용하여 책의 내용 중 의성어나 의태어 등이 나온 부분을 펼쳐 놓고 책에 나온 내용을 활용하여 소리를 들려주는 것이 좋습니다. 또는 아이와 번갈아 가면서 새로운 소리를 만들거나 그 내용을 발표하게 합니다.

▶ 멈춤 약속 활용하기

지나치게 많은 움직임을 제어하시지 못하는 경우 아이와 함께 '그대로 멈춰라' 율동을 활용합니다. '즐겁게 춤을 추다가 그대로 멈춰라'하는 신호와 함께 1초를 멈추고, 3초를 멈추고, 10초를 멈추는 형태로 조금씩 시간을 늘여가며 멈추는 연습을 시켜 주세요. 그리고 그때 '음~~~~~~~'하는 발성을 함께 하도록 하면 멈추는 것을 덜 지루하게 느낍니다. 멈춤 연습이 원활하게 되는 경우에는 멈춤 상태에서 자기소개를 간단히 하고 아주 짧은 발표를 하게 합니다. 이때 아이가 잘 따라오지 않는다고 해서 엄마가 엄하게 꾸짖거나 실망한 티를 많이 내면 아이는 이것 또한 엄마가 자신을 테스트하는 학습이라고 생각하게 되어 변화하지 않습니다. 게임처럼 아주 자연스럽게 시도하는 것이 중요합니다.

아이와 함께 다음의 글을 읽으며 눈을 맞춰 봅니다. 이때 아이와 손을 꼭 잡고 함께 움직이며 즐겨보세요.

하나 하면 할머니가 지팡이 짚는다고 잘잘잘
둘 하면 두부 장수가 두부를 판다고 잘잘잘
(안방으로 가기)

셋 하면 새색시가 거울을 본다고 잘잘잘
넷 하면 냇가에서 빨래를 빤다고 잘잘잘
(거실로 가기)

다섯 하면 다람쥐가 알밤을 깐다고 잘잘잘
여섯 하면 여학생이 공부를 한다고 잘잘잘
(화장실로 가기)

일곱 하면 일꾼들이 나무를 한다고 잘잘잘
여덟 하면 엿장수가 깨엿을 판다고 잘잘잘
(거실로 가기)

아홉 하면 아버지가 장보러 간다고 잘잘잘
(그대로 멈추기)

열 하면 열무장수 열무를 판다고 '열무 사려!'

② 소극적이고 민감한 아이 해결 노하우

인생이 피곤한 아이들이 있습니다. 걱정거리도 많고 하기 싫은 것도 많고 짜증나는 것도 많은 아이들, 그런 아이들을 보며 엄마 아빠는 뭐가 저렇게 겁이 나는 건지 속이 터질 지경이라고 하소연을 합니다. 그러나 정말 속이 터질 것 같은 사람은 아이겠지요. 무엇이 걱정되는지 스스로 파악하는 것 자체가 두렵고 힘들기 때문입니다. 기질적으로 예민한 아이들이 이런 부류에 속하는데, 이는 선천적으로 예민한 DNA를 물려받은 경우도 있고 태어나고 자라는 과정에서 견디기 힘든 자극을 지속적으로 받은 아이들이 이런 성격으로 자라기도 합니다. 여러 가지 자극들이 아이를 힘들게 한 경우, 신경이 곤두서 있고 예민한 아이로 성장할 수 있습니다. 후천적인 환경으로 인해 예민해진 성격을 해결하기 위해서는 아이의 감각 중에 무엇이 가장 예민한지 파악하고 그에 따른 해결책을 활용하면 좋습니다. 마루지에서는 '힐링 스피치 교육' 중 3가지 감각을 활용하여 예민한 아이를 위한 훈련을 진행하는데요. 집에서 엄마와 함께 해볼 수 있는 감각 스피치 훈련을 알아볼까요?

▶ 시각이 예민한 아이

시각이 예민한 아이는 낯선 상황에서 첫 긴장도가 급격히 올라가는 타입입니다. 보통 새로운 곳에 방문하거나 낯선 사람들을 만나는 경우에 이런 긴장도를 많이 느끼는데, 이는 시각적으로 새로운 자극을 받아들이는 게 힘들기 때문입니다. 이런 아이는 엄마의 표정이 조금만 변해도 쉽게 알아차리고 엄마를 졸졸 쫓아다니면서 "엄마, 왜 화났어요?", "엄마, 저 때문에 속상한 거 있어요?"하고 물어보기도 합니다. 또 엄마나 유치원 담임 선생님의 헤어스타일이 바뀌는 것조차 불안해하고 유치원에 가기 싫다고 하는 등의 특징을 보이지요. 친근했던 사람이라 하더라도 외모나 이미지가 변하면 낯선 느낌이 들기 때문입니다. 이런 아이들은 사람들 앞에 나와서 발표하는 것도 힘들어 하는데요. 선생님을 바라보는 시야와 앞에 나가서 친구들을 바라보는 시야가 달라지기 때문입니다.

엄마가 도와줄 수 있는 방법은 아이와 다양한 곳을 방문하며 함께 이야기를 하는 것입니다. 식당에 가서 주문을 할 때도 아이가 주문을 도와주게 하고, 슈퍼마켓에 가서도 계산을 하게 하는 것이 좋습니다. 그리고 발표 연습을 할 때에도 한 곳이 아니라 여러 장소를 활용하면 다양한 시야를 접하며 발표 긴장감을 낮출 수 있습니다.

▶ 청각이 예민한 아이

어렸을 때부터 큰 자동차 소리 등 자극적인 소리가 들리면 울어버리거나 귀를 막는 친구들은 청각이 예민한 아이에 해당합니다. 자신감을 키우라고 태권도 학원에 보내 놨더니 형들이 기합 넣는 소리에 기겁을 하고 도망쳐 나오는 아이도 있고, 사람이 많은 곳에서 들리는 웅성거리는 소리에 멍하게 정신을 못 차리는 아이도 있지요. 이런 아이는 학교에 들어가서 선생님이 반 전체를 상대로 훈계하거나 소리를 지르면 선생님의 큰 목소리에 질려서 학교가 무섭다고 생각하거나 선생님이 자기를 싫어한다고 느끼기까지 합니다.

이런 아이들에게는 다양한 소리를 들려주고 그 느낌을 표현하게 하는 것이 좋습니다. 이때 강한 소리를 먼저 들려주는 것보다 은은하고 조용한 소리부터 관찰하고 표현할 수 있게 하는 것이 좋습니다. 그러다가 점차 큰 소리에도 관심을 갖게 되면 아이가 싫어했던 자동차의 경적소리를 두려운 것이 아니라 신기한 것, 재미있는 것 혹은 아주 필요한 것으로 생각할 수 있도록 설명해 주고 그에 따른 이야기를 만들어 말할 수 있게 도와주세요.

▶ 촉각이 예민한 아이

　손에 뭐가 묻기라도 하면 기겁을 하는 아이, 맨발로 흙이나 모래를 밟는 것을 싫어하는 아이, 아빠나 할아버지 등 남자 어른들의 거친 얼굴이 자신의 얼굴에 닿는 것을 싫어해서 도망 다니는 아이들이 있습니다. 촉각이 예민하여 부드러운 것, 깨끗한 것을 병적으로 고집하는 특성을 보이기도 하지요. 이런 아이들 중 몇몇은 입 안의 촉각도 예민하여 새로운 음식을 먹는 것을 싫어하기도 합니다. 또 딱딱한 음식을 씹어 먹는 것을 싫어해서 분유에서 이유식으로 넘어갈 때 애를 먹었던 아이도 촉각이 예민한 경우일 가능성이 높습니다. 이런 특징은 5세를 넘어서도 나타날 수 있는데 음식물을 꼭꼭 씹어 먹지 않으니 소화가 잘 되지 않고 먹는 것을 싫어하며, 먹더라도 갈아놓은 것이나 마실 것만 찾습니다. 이런 특성의 아이는 혀를 움직이는 것도 싫어하고 둔하여 발음이 정확하지 않은 경우가 많습니다. 따라서 'ㄹ' 발음이나 'ㅅ' 발음 등 혀를 많이 쓰는 자음이 새거나 뻣뻣하게 발음되기도 합니다.

　엄마가 도와줄 수 있는 방법은 입 주변을 많이 자극하여 입술과 혀를 사용하는 방법을 알려주는 것입니다. 이때 입을 크게 벌리고 다시 오므리는 입술 운동을 많이 하고 혀를 잘근잘근 씹어주는 운동을 하도록 도와주면 좋습니다.

3 선택적 함구증이 있는 아이

아이들을 교육하다 보면 다른 아이들에 비해 결과가 뚜렷하게 나타나는 아이들의 사례가 있습니다. 선택적 함구증의 전형적인 증상을 보였던 2학년 남자 아이였는데요. 마루지의 선택적 함구증 훈련 프로그램을 찾아보고 방학기간을 이용해 잠실 본원으로 수업을 받으러 온 경우였습니다. 아이는 긴장도가 상당히 높았고 처음 한 시간 정도는 내내 시선을 맞추지 못했습니다. 일상적인 대화를 시도해도 전혀 반응이 없고 엄마가 나간 문만 뚫어져라 바라보기만 했지요. 그림을 그리는 진단 수업에서도 주머니 안에 넣은 손을 꺼내지 않고 버티고, 게임 수업에서도 꼼짝하지 않는 모습을 보였습니다.

엄마와의 긴 면담을 통해 알게 된 아이의 상태는 생각보다 심각했습니다. 7세 때부터 2학년 때까지 학교에서는 아무하고도 말을 하지 않았고 선생님이 질문을 할 때에도 대답한 적이 단 한 번도 없다고 했습니다. 모든 의사소통은 간단한 고갯짓으로만 표현하고 아이들과 전혀 교류가 없는 상태였습니다. 그러나 집에서는 완전히 다른 모습이라고 했습니다. 엄마와 동생에게는 시끄러울 정도로 말을 건네고 노래와 춤도 잘 추는 '애교 담당'이라고 하더군요. 아이는 원래 기질적으로 민감해서 모든 것이 확실해질 때까지 절대 입을 열지 않는 성격이었고, 영어 유치원에 다닐 때에 선생님과의 큰 마찰로 인해 어른에 대한 공포가 생긴 상태였습니다.

이 아이에게 거의 1년 정도 학원의 '힐링 스피치' 프로그램을 응용한 '선택적 함구증 과정'으로 훈련을 진행했습니다. 먼 거리였지만 가능한 일주일에 한 번은 반드시 만났고, 방학 때는 집중적으로 수업을 했습니다. 첫 한 달 간은 아이와 신체를 활용한 게임 수업을 하였고, 순차적으로 단순 음성 수업, 복합 음성 수업, 감정 표현 수업, 상황 표현 수업 등을 진행했습니다. 꾸준히 교정한 결과 지금은 학교에서 다른 사람의 도움 없이 발표를 할 수 있게 되었고 놀이터나 학원에서도 또래에게 큰 관심을 보이며 반 친구들을 집으로 데리고 와서 함께 놀기 시작했습니다.

① 선택적 함구증 파악

집에서는 엄마, 아빠와 재잘재잘 말도 잘하는데 문 밖으로 나가면 눈만 껌벅 껌벅거리고 입을 아예 닫아버리는 것을 선택적 함구증이라고 합니다. 좀 전까지도 엄마랑 웃고 떠들던 아이인데 거짓말처럼 왜 저러고 있는지 도무지 이해를 할 수 없다고 하소연하는 학부모들도 많지요. 선택적 함구증은 단순히 며칠 동안 말을 안 하거나 말수가 줄어들었다고 의심할 수는 없습니다. 갑자기 기분이 우울해졌을 수도 있고 아이 입장에서 말을 하기 싫어진 이유가 있을 수 있기 때문인데요. 그러나 아무런 원인이 없었는데 말을 하지 않는 기간이 3개월 이상 된다면 선택적 함구증을 의심해 봐야 합니다.

선택적 함구증의 특징을 심하게 보이는 아이는 상담하는 30분 내내 우주 공간에 홀로 떠 있는 듯한 얼굴로 세상과 단절하여 자신을 차단시키는 모습을 보입니다. 상담자와 시선을 마주치지도 않고 질문에 동요하지도 않습니다. 애써 다른 곳을 바라보거나 엄마가 사라진 문만 뚫어지게 쳐다보기도 하지요. 그리고 아주 단순한 질문인 "이름이 뭐야?", "엄마한테 갈까?" 등의 질문에도 반응을 보이지 않는다는 특징이 있습니다.

이때 엄마가 절대 하지 말아야 할 말이 있습니다. 바로 "얘가 진짜 왜이래? 너, 또 이럴 거야? 진짜 속 터져!"라는 핀잔입니다. 아이는 선택적 함구증에 아파하고 힘들어하고 있는데, 엄마는 남들 앞에서 아이가 정상이 아니라고 크게 떠벌리고 있는 꼴이 되니까요. 현명한 엄마가 되어 선택적 함구증을 이해하고 아이의 마음속 엉킨 실타래를 차근차근 풀어가는 방법을 소개합니다.

② 선택적 함구증 해결

미국의 심리학 박사인 헤이든(Torey L.Hayden)은 선택적 함구증을 공생적 함구증, 수동−공격적 함구증, 반응적 함구증, 언어 공포증적 함구증 등 4가지의 유형으로 나누어 설명했습니다. 각각의 특성과 해결책을 알아볼까요?

▶ 공생적 함구증

엄마에게 의존도가 높은 함구증입니다. 모든 상황에서 엄마가 대신 대답하기를 원하고 엄마 뒤에 숨어서 엄마만 알아듣는 몸짓으로 엄마하고만 의사소통을 하려고 하지요. 이 경우, 신체적으로도 엄마에게 많이 치대며 의존하는 경우가 있습니다. 엄마가 아무리 "얘가 왜 이래? 똑바로 서서 대답해"라고 말해도 아이는 쓰러질 듯 엄마에게 기대며 상대와는 시선도 맞추지 않습니다. 엄마랑 애착이 아주 강해 보이지만, 실은 애정을 끊임없이 확인하고 싶어 하는 심리도 있는데요. 아이는 지금 '엄마가 나를 어디까지 사랑하나? 언제까지 참아주나?'하고 의심하고 걱정하는 중일 수 있으니 아이의 마음을 파악하려고 노력해 보세요.

솔 루 션

엄마의 사랑을 확인시켜주는 게 좋습니다. 집에서나 평소에는 아이에게 냉정하게 대하다가 다른 사람과 함께 있을 때 갑자기 잘해 준다거나 하는 등 엄마의 기분이나 상황에 따라 일관성이 없었다면 아이가 애착에 관한 불안함을 느낄 수 있습니다. 엄마도 아이에 대한 애정을 일관되게 표현하는 연습을 해야 합니다.

또 아이가 스스로 다양한 문제를 해결할 수 있도록 문제해결의 주도권을 아이에게 주는 것도 도움이 되는데요. 처음부터 끝까지 모든 것을 엄마가 제재하고 해결하게 되면 기쁨도 슬픔도 엄마를 통해 느끼게 되기 때문입니다. 아이의 삶 속에서 엄마의 크기가 조금 작아지면 오히려 쉽게 해결될 수 있는 유형이지요.

[아이에게 해줄 수 있는 말]

- 이건 어떻게 하는지 엄마는 잘 모르겠다. 넌 어때? 엄마에게 좀 알려줄래?
- 그런 생각을 했다니, 놀라운데? 엄마는 생각지도 못했어. 참 기발하다.
- 여길 어떻게 찾아갈지 모르겠다. 다른 사람에게 뭐라고 물어보면 좋을까?

▶ 수동 · 공격적 함구증

심하게 토라져 있는 경우라고 생각하면 이해하기 쉽습니다. 자신이 원하는 것이 반복적으로 거부당했거나 자신의 감정을 어떻게 표현하고 공감을 얻어야 할지 모를 경우에 불만이 쌓여 공격적인 침묵을 선택하는 경우입니다. 형제 중에 자신보다 월등한 형제가 있어서 주위에서 비교당하는 분위기가 많았다면 이런 증상이 두드러지게 나타나기도 합니다. 또는 부모 중 한쪽이 권위적인 편이어서 규율이나 질서, 약속 등을 지나치게 강요한 경우, 신체적인 규제, 즉 힘으로 아이를 제압하고 혼을 낼 경우 등의 상황에 아이가 반복적으로 노출되었다면 아이는 침묵을 무기로 사용하게 될 수도 있습니다.

솔루션

아이의 의사를 존중하고 끝까지 들어주는 것이 좋습니다. 또 다른 사람들이 자신에 대해 호감을 갖고 있다는 생각을 할 수 있도록 도와주어야 합니다. 친절한 사람들 한두 명을 만나서 편안한 관계를 맺고 놀게 한 다음, 적응하면 또 다른 사람들과 웃을 수 있는 상황에서 자연스럽게 놀게 하는 것도 도움이 됩니다. 아이가 잘못을 했을 때 강압적으로 혼내기보다 행동을 한 이유를 차분히 물어보는 것이 좋습니다.

[아이에게 해줄 수 있는 말]

- 우리한테 문을 열어주시다니, 정말 고마운 분이다. 그렇지?
- 엄마가 인사했더니 아저씨가 잘 받아주시는구나, 진짜 기분 좋은걸?
- 네가 왜 그랬는지 궁금하구나. 이유를 알면 너를 더 이해할 수 있을 것 같아.

▶ 반응적 함구증

아이를 둘러싼 환경이나 상황이 급작스럽게 변하여 아이가 위축되는 경우입니다. 큰 부정적인 사건을 겪었다거나 전학, 이사, 이민 등의 변화를 겪으면서 아이의 마음에 심리적인 상처를 받게 된 경우에도 함구증이 나타날 수 있습니다. 외동아이거나 기질적으로 예민한 아이에게 많이 나타나고 변화에 대해 민감하고 자존감이 낮을 경우에도 이런 증상이 나타날 수 있습니다.

솔루션

새로운 학원 등 낯선 환경에 접하게 되거나 새로운 사람들과 만날 경우, 미리 아이에게 설명을 해주면 좋습니다. 그리고 긍정적인 기대를 할 수 있도록 이야기를 해준다면 많은 도움이 됩니다. 여러 가지 환경의 변화는 아이의 책임이 아니라 어쩔 수 없는 변화일 뿐이라는 말도 필요하지요. 또한 앞으로 더 나은 환경으로 변할 것이라고 안심시켜주고 이런 감정이 드는 것은 자연스러운 것이라고 설명을 해주며 이렇게 느끼는 사람이 자신뿐이라는 생각에 위축되지 않도록 도와주세요.

[아이에게 해줄 수 있는 말]
- 많이 힘들었는데 정말 씩씩하게 이겨내는 것 같아 참 기특하구나. 앞으로는 더 좋은 일만 생길 거야.
- 오늘은 새로운 학원에 갈 건데, 저번에 이야기한 것처럼 여자 친구들도 있고 남자 친구들도 있다. 1시간 정도 친구들이랑 노는 수업인데, 엄마는 재미있을 것 같아서 참 기대가 돼.
- 누구나 화가 나고 속상할 수 있어. 엄마도 엄마 뜻대로 되지 않거나 생각하지 못한 일이 일어나면 정말 무섭고 속상할 거야. 그래도 그건 우리의 잘못이 아니니까 너무 슬퍼하지 말자. 분명 좋게 해결될 거야.

▶ 언어 공포증적 함구증

언어 공포증적 함구증이 있는 아이들은 말하는 것 자체에 대한 공포감을 느끼고 있습니다. '다른 사람이 내 목소리를 들으면 이상하다고 생각하지는 않을까?'라는 강박적 불안을 가지고 있지요. 자신의 목소리에 대해 스스로 이상하다고 생각하기 때문에 자신의 언어능력, 대화능력에 대해서도 자신이 없는 경우가 많이 있습니다. 이는 또래생활을 못할 정도로 몸과 마음이 위축되어 나타나기도 하지요.

솔루션

이런 유형은 청각적 자극에 예민한 아이입니다. 큰 소리, 날카로운 소리, 험상궂은 소리 등 불안을 유발하는 소리를 병적으로 싫어한다거나 귀를 막고 도망치기도 합니다. 그래서 자신의 목소리도 편안하게 들리지 않는 것이지요. 엄마는 이런 아이에게 "네 목소리는 괜찮단다"라고 말해 주며 아이의 목소리에 아무 문제가 없다는 것을 인식시키고, 말하는 것 역시 잘한다고 칭찬하며 자신감을 심어주는 것이 중요합니다. 하지만 강박적 불안이 지나치게 커서 힘들어 하는 아이라면 다양한 목소리를 들려주는 것도 좋은 방법입니다. 헬륨가스를 마시고 이상한 목소리를 내며 아이랑 즐겁게 놀아보기도 하고 억지로 낮은 음색으로 목소리를 내는 것도 좋습니다. 이런 활동에 잘 적응한다면 그 다음으로 아이의 목소리를 녹음하며 동화구연을 연습해 보는 것도 좋은 방법이 될 수 있답니다.

> [아이에게 해줄 수 있는 말]
> • 승주가 엄마를 부르는 소리가 이렇게 듣기 좋구나.
> • 승주 목소리는 사람을 기분 좋게 하는 것 같아. 목소리가 참 부럽구나!
> • 우리 성대모사 게임을 해볼까?

"

스피치를 배우면
성격도 좋아지나요?

"

CHAPTER

6

엄마의 여러 가지 고민들을
스피치로 해결해 볼까요?

'1 : 1 맞춤 해결' 고수의 비법

2년 전, 마루지의 문을 열고 그늘진 얼굴로 들어오던 한 학부모가 떠오릅니다. 초등학교 1학년 여자 아이를 둔 엄마였지요. 상담을 시작하자마자 딸아이에 대한 걱정이 끊임없이 나왔습니다. 집에서는 평범한 아이지만 학교에 가면 공공의 적이 된다는 것이었습니다. 마치 싸움닭처럼 여기저기 시비를 걸고 다니고 선생님 말씀도 가볍게 무시해서 통제가 되지 않을 정도라고 했습니다. 급기야는 엄마들끼리 가깝게 지내는 친구들마저도 딸아이와 함께 놀기를 거부했다고 하더군요.

아이와 상담을 해본 결과 외동딸인 아이는 맞벌이하는 부모님을 대신해서 5세 때부터 고모 아래에서 자랐고, 주 양육자였던 고모는 먹고 재우는 일은 열심히 했지만 아이와 다양한 대화를 하지 않는 스타일이었습니다. 성격까지 급한 고모는 아이가 무슨 말을 할 때마다 "그래, 얼른 자", "알았어, 얼른 밥 먹어", "그만 하고 빨리 가" 등의 재촉하는 명령을 많이 했다고 합니다. 그러다 보니 아이는 상호 대화하는 방식을 터득하지 못한 채 학교에 진학했고, 또래에게 관심은 많았지만 어떤 식으로 접근해야 할지 몰랐기 때문에 친구들에게 관심을 표현한다는 것이 울음이나 화로 나타내게 되어 결국 싸움이 되고 말았던 것입니다.

아이와 면담 이후, 마루지의 힐링 스피치 훈련 프로그램으로 감정을 정리하고 감정 표현 스피치를 연습하며 상황에 따라 하고 싶은 말을 3~5개의 문장으로 표현하는 수업을 진행했습니다. 그림과 발표를 활용한 스피치 수업을 병행하고 역할 스피치 훈련을 통해 상대방의 입장에서 생각할 수 있는 훈련도 함께 진행했습니다. 그렇게 5개월이 지난 이후부터 아이는 부쩍 말이 많아졌고, 학교에서도 짜증 내지 않고 말로 표현하게 되어 친구와의 갈등도 많이 줄어들게 되었습니다.

맞벌이 부부가 늘면서 요즘 이런 걱정을 하는 엄마들이 많아졌습니다. 충분히 대화를 하지 못하는 엄마의 탓인 것 같아 마음이 무겁고 아이에게 미안한 감정이 들기도 하지요. 그러다 보니 아이 앞에서 쩔쩔매기도 하고 아이가 잘못을 해도 무조건 아이 편을 드는 등 잘못된 방식으로 육아를 하고 있는 부모들도 많습니다. 아이에게 주는 사랑은 시간에 비례하는 것이 아닙니다. 아이와 만나는 시간만큼은 아이에게 집중하여 질 높은 대화를 하여야 합니다. 이때 아이와 한 가지 주제에 대하여 5번 이상의 대화가 오고 가는 것이 효과적입니다. 다음의 예를 통해 알아 볼까요?

엄마 : 상우야, 오늘 너희 반에 전학 온 친구 있었다며?

상우 : 네, 엄마, 어떤 남자아이에요.   1번

엄마 : 어디에서 온 아이래?

상우 : 부산에서 왔대요.   2번

엄마 : 우와, 먼 곳에서 왔구나. 첫 날이라 어색해 하지는 않았니?

상우 : 뭐, 그럭저럭 잘 지내는 것 같아요.   3번

엄마 : 어디에 앉았어?

상우 : 우리 모둠에 앉았는데요. 제 짝꿍은 아니에요.   4번

엄마 : 그래, 성격은 어떤 것 같아?

상우 : 음... 조용한 아이 같아요. 그래서 저랑 좀 비슷한 것 같아요.   5번

엄마 : 사이좋게 잘 지내면 좋겠네!

상우 : 네, 그럴 것 같아요.   6번

이렇게 하면 아이는 다른 사람과 대화하는 방식을 배울 수 있고 자신의 의견이나 감정을 말로 표현할 수 있게 되어 또래 친구들과의 대화에 활용할 수 있습니다. 이런 스피치 훈련을 지속적으로 한다면 우리 아이도 성격 좋은 아이로 키울 수 있답니다.

1 대화스킬, 스피치로 도와주세요.

로빈슨 크루소가 무인도에 몇 십 년 동안 혼자 남겨졌습니다. 로빈슨은 야생동물이 무섭기도 했고 어둠이 두렵기도 했을 것입니다. 그러나 로빈슨을 가장 힘들게 했던 것은 자신의 말을 들어줄 사람이 없다는 사실 아니었을까요? 결국 로빈슨은 나무를 상대로 이야기를 하고 돌에게 말을 건네기도 하였습니다. 대화를 할 수는 없지만 대상이 있다는 것만으로도 심리적으로 안정을 찾을 수 있었기 때문이었겠죠.

사람은 누구나 자신의 말을 들어주는 상대를 필요로 합니다. 대단하고 거창한 말이 아니라 하더라도 누군가에게 설명하는 일을 좋아합니다. 특히 아이들은 자신에게 귀를 기울이고 있는 부모의 모습을 보는 것만으로도 자존감이 높아지지요. 부모의 관심을 받은 아이들은 다른 사람에게 마음을 열고 대화하는 것을 즐겁게 받아들입니다. 아이가 다른 사람과 대화하는 것을 어려워하거나 피한다면 아이에게 어떤 대화의 모습을 보여 주었는지 부모가 반성해야 할 일일 수도 있습니다. 엄마나 아빠가 아이의 이야기를 정성스럽게 들어주었는지, 적당한 추임새가 있었는지 곰곰이 따져보아야 합니다. 만약 부족한 부분이 있었다면 앞으로는 묻지도 따지지도 않고 일단은 들어주는 게 어떨까요? 아이의 대화 스킬 향상을 위한 시작점이 될 것입니다.

이때 3점을 한 방향으로 같이 바라봐 주는 '3점 응대' 원칙을 지켜주면 더욱 좋습니다. 3점 응대란 시선, 코끝, 발끝이 한 방향으로 향하는 것입니다. 아이와 대화를 할 때 손으로는 설거지를 하며 눈만 돌려 이야기하거나 TV를 보며 목만 돌려 대답하는 것이 아니라 눈, 얼굴, 몸의 방향을 아이 쪽으로 돌려 이야기하며 바라보는 것이지요. 공감을 위한 엄마의 작은 변화가 아이의 대화 스킬을 좋게 할 수 있다는 것을 기억해 주세요. 그리고 다음과 같이 추임새를 넣어 봅니다.

"그랬구나, 얼마나 속상했을까."

"어머! 그런 일이 있었어? 엄마가 몰랐네!"

"우와, 그런 것까지 알고 있었어? 우리 아들! 생각이 깊구나?"

"정말? 진짜 대단하다. 엄마는 생각도 못했는데!"

아이의 말에 연기자처럼 격하게 리액션을 해 봅시다. 엄마의 어색한 연기에 감동하는 아이들이 생각보다 많이 있답니다.

① 제 말은 다 잔소리라고 생각하는 우리 아이, 왜 그럴까요?

귀에 딱지가 앉을 정도로 잔소리를 입에 달고 다니는 엄마들의 특성이 있습니다. "아이고 내 팔자야"로 시작해서 "너 때문에 힘들어 못살겠네!"로 마무리 하는 레퍼토리를 준비해서 여차하면 꺼내 보이셨는데요. 다들 기억하시나요? 참 신기하게도 모든 엄마에게는 잔소리 DNA가 있고, 모든 아이들에게는 철벽방어 시스템이 있는 것 같습니다. 모두 다 살아남기 위한 생명의 신비로움 아닐까요? 하지만 안타깝게도 엄마의 잔소리는 엄마의 기대보다 효과가 더 떨어집니다. 그렇다고 엄마 입장에서는 잔소리를 안 할 수는 없는 노릇이죠. 이쯤 되면 잔소리와 무심함 사이에서 내적 갈등을 경험하는 엄마들이 생깁니다.

이런 상황에서 엄마와 아이를 둘 다 만족시킬 수 있는 방법이 있는데요. '잔소리인 듯, 잔소리 아닌 잔소리 같은 말'을 연마하여 고급진 잔소리 센스를 발휘하는 것은 어떨까요? 물론 아이가 더 자라서 머리가 커지면 곧 효력을 잃게 되겠지만 초등학생 때까지는 아이들이 듣고 싶은 말로 잔소리를 감싸서 숨기는 방법이 효과적입니다. 칭찬으로 범벅이 된 잔소리, 엄마도 할 말은 하고 아이도 기분 좋게 듣는 이야기를 만들어 보면 어떨까요? 아이와의 대화가 한층 부드러워질 것입니다.

[잔소리인 듯, 잔소리 아닌, 잔소리 같은 말]
- 어려운 숙제인데, 끝까지 잘 했네! 다음에는 더 잘하겠구나!
- 엄마가 신경 못 써줬는데도 스스로 했구나? 고맙다! 앞으로도 잘 부탁해!
- 이렇게 어려운 걸 어떻게 했지? 대단한데! 동생 것도 한번 도와줄래?
- 그런 생각까지 하는 걸 보니 참 마음이 깊구나! 엄마도 널 닮아야겠어.
- 내가 우리 딸을 잘 키운 것 같아! 사람들에게 또 뭘 자랑하지?
- 네 얼굴을 보니 하루 피로가 싹 풀린다. 우리 같이 방 정리까지 하고 아이스크림 먹을까?
- 어쩜! 누굴 닮아 이렇게 속이 깊니? 아마 엄마 닮았나봐!
- 엄마는 네가 시험공부를 했다는 게 정말 자랑스럽다! 다른 것도 자랑스럽게 생각할 수 있는 게 뭐가 있을까?

② 경청을 안 하는 아이, 어떡하죠?

傾聽
귀를 기울여 들음

경청이라는 말은 상대의 이야기를 관심 있게 들어 주는 것을 말합니다. 말로는 이해가 가지만 어른들도 상대의 말을 진심으로 들어주는 게 쉬운 일은 아니지요. 하물며 아이들은 어떨까요? 역지사지(易地思之)를 실천하며 다양한 관점으로 의견을 듣는 것은 매우 어렵게 느껴질 것입니다. 하지만 경청은 커뮤니케이션 과정에서 엄청난 영향력을 만들어 낼 수 있는 요소입니다.

2년 동안
다른 사람의 관심을 끌려고 노력하는 것보다
두 달 동안
다른 사람에게 진정한 관심을 기울임으로써
더 많은 친구를 사귈 수 있다.

– 데일 카네기 –

특히 아동은 발달 단계에 따라 다른 사람의 말을 듣는 능력이 나타나는 시기가 있습니다. 신생아의 경우 태어나면서 체내에 스며든 액체가 마른 후부터는 바로 특징적인 소리를 구분하고 반응한다는 연구 결과가 있습니다. 그 후 4~5개월쯤부터는 자신의 이름을 부르는 소리에 반응하고, 3세부터는 의미가 있는 비교적 긴 대화를 이해하게 되지요. 6~7세가 되면 상대의 생각이나 기분을 고려하며 듣는 단계가 됩니다. 하지만 이맘 때 아이들은 자신이 좋아하는 것에만 집중하려는 선택적 집중 욕구가 있기 때문에 자기가 좋아하는 말만 들으려는 특징을 보입니다.

예를 들어 엄마가 "숙제 했니?"라고 물어보면 책을 보느라 못 듣는척하다가 "아이스크림 먹을까?"라고 하면 벌떡 일어나 달려오는 것으로 알 수 있지요. 그런데 내가 좋아하는 것만 들으려고 하다 보면 다른 친구들의 입장에서 친구의 이야기를 차분하게 듣지 못하고 건너뛰어 듣거나 건성으로 듣기도 합니다. 그리고 얼른 자기가 하고 싶은 말만 늘어놓습니다. 반대로 듣는 능력이 잘 발달한 아이는 친구들의 이야기를 듣고 행동을 결정하기 때문에 또래 사이에서 인기가 높을 뿐만 아니라 상황 판단을 잘하는 영리한 아이가 될 수 있습니다.

아이의 듣기능력을 파악하기 위한 네 가지 단계를 보고 우리 아이의 듣기 습관은 어떤지 알아볼까요?

① 귀로 듣기 : 단순히 목소리를 듣는 것에서 그친다.
② 머리로 듣기 : 상황을 머릿속으로 그리면서 듣는다.
③ 가슴으로 듣기 : 말하는 사람의 기분이 어땠을까를 상상하며 듣는다.
④ 온몸으로 듣기 : 나의 감정을 곁들여서 공감하며 듣고 표현한다.

우리 아이의 듣기 능력이 어떤 단계인지 알아보기 위해 다음과 같이 이야기 해 봅시다.

상우야, 엄마가 조금 전에 집에 오는 길에 자전거를 탄 아이와 걸어가던 아저씨가 부딪히는 걸 봤는데, 글쎄 골목길에서 자전거가 너무 빨리 튀어 나오는 거야. 엄마도 깜짝 놀라서 걸음을 멈췄는데, 세상에나, 앞에 가시던 그 아저씨는 자전거가 나오는 것을 못보고 그냥 앞으로 걸어간 거야. 알고 보니 아저씨가 앞이 안 보이는 분이셨어. 엄마가 알았더라면 아저씨를 붙잡았을 텐데, 많이 안타깝더라고.

이때, 우리 아이가 ① ~ ④번의 듣기 중에 어떤 형태로 듣는지 확인해 봅시다.

① 귀로 듣기

> "엄마, 이것 좀 해줘요."
>
> +
>
> (다른 말과 행동을 한다.)

② 머리로 듣기

> "음……."
>
> +
>
> (엄마를 가끔 바라보며 듣는다.)

③ 가슴으로 듣기

> "아, 진짜요?"
>
> +
>
> (엄마를 바라보는 시간이 더 길고 눈빛이 동요되는 것이 보인다.)

④ 온몸으로 듣기

> "아, 진짜요? 정말 깜짝 놀랐겠다. 그래서 어떻게 되었어요?
>
> +
>
> (엄마를 지속적으로 바라보고 안타깝거나 놀라는 표정을 짓는다.)

①번이나 ②번의 형태로 듣는 아이들에게는 듣기 연습이 필요합니다. 엄마가 동화책을 읽어준 후 어떤 내용인지 물어보는 것도 좋고, 다양한 상황을 이야기해 주고 엄마의 말 중에 특징적인 것을 기억하게 하는 기억 게임을 활용하는 것도 좋겠지요. 아이가 상대방의 말에 집중하고 즐겁게 들을 수 있게 돕는 데에는 엄마의 역할이 크다는 것을 잊지 마세요.

③ 우리 아이는 누가 말만 시키면 울어버려요.

"이거 해 볼래?"
"으앙"

"우리 친구 이름이 뭐야?"
"으앙"

"발표해 볼 사람?"
"으앙"

무슨 말을 하든 어떤 말을 시키든 울음으로 모든 것을 표현하는 아이들이 있습니다. 말을 거는 사람도 당황스럽고 우는 아이를 지켜보는 엄마도 당황스럽습니다. 우는 아이 역시 힘들기는 마찬가지입니다. 주위 사람들에게는 피곤한 스타일의 아이라는 고정관념이 생길 수도 있습니다. 하지만 아이의 입장에서는 나름의 이유가 있기 때문에 그것을 표현하고 있는 과정일 수도 있지요. 그렇다면 어떤 이유로 아이들이 울게 되는 걸까요? 크게 두 가지 원인으로 나누어서 문제점을 해결해 봅시다.

첫째, 어떻게 해야 할지 정말 몰라서 도와달라고 우는 아이의 경우.
뭐라고 말을 해야 할지, 어떻게 행동해야 할지 몰라서 그럴 수도 있습니다. 경험해보지 않았던 일이거나 낯선 환경에서의 상황이 두려울 때 아이는 이렇게 울음으로 표현하지요. 기질적으로 예민한 아이들이나 사회성이 부족하여 낯선 환경에서 겁을 먹는 아이들이 이에 해당하는데요. 이런 아이들에게는 '낯선 것=울음'이라는 공식이 이미 만들어져 있는 경우가 많습니다.

'어? 이게 무슨 상황이야? 에잇 모르겠다. 울어버려야지'

'힝. 쑥스러워. 울면 해결될 거야'하고 울어버리는 것이지요.

상황을 극복해나가는 것보다 우는 게 더 익숙하고 편리한 거라고 받아들였기 때문에 울어버리는 것입니다. 이런 아이들에게는 그 '낯선 것=울음'의 공식을 천천히 깰 수 있도록 도와주어야 합니다. 울음이 나오려고 할 때 나만의 '눈물 뚝' 신호를 만들고 그것을 실천하도록 해 보세요. 예를 들어 울음이 나오면 두 손을 꼭 잡고 마음속으로 '하늘, 하늘, 하늘'하고 이 상황과 연관이 없는 것을 생각하게 합니다. 혹은 울음이 나올 때 '음~'이라는 목소리를 작게 내며 침을 꿀꺽하고 '맛있다'라는 생각을 하게 합니다. 이 훈련을 통해 울음으로 가는 감정의 흐름을 끊을 수 있을 뿐만 아니라 상황을 차분하게 다시 바라볼 수 있게 됩니다.

둘째, 곱게 자라서 주위 사람들이 '우쭈쭈'했던 아이의 경우.

할아버지, 할머니, 고모, 삼촌, 아빠, 엄마, 큰 오빠, 언니, 다음에 막둥이. 우리 막둥이가 행여나 다칠까 '아서라, 아서라'하며 손에서 내려놓지 않았다면 아이는 아마 집안 서열 1위로 등극하여 막강한 권력과 영화를 누리며 살았을 것입니다. 그러다 보니 아이는 완전한 말이나 표현보다는 '징징'거리는 표현을 더 많이 했을 것이고 그것을 주변에서는 귀엽다고 넘겨버렸겠지요.

물론 사랑을 많이 받고 자란다는 것은 축복받고 감사한 일이겠으나 지나친 관심은 아이가 적극적으로 의사소통을 하려는 의지를 약하게 만듭니다. 아이가 냉장고 앞에만 서도 할머니가 "아이고 우리 애기, 주스 줄까? 여기 마시자"하면서 주스를 컵에 따라 입에 넣어주는 환경이라면 아이는 원하는 것이 있어도 어떻게 말을 만들어서 다른 사람에게 요구해야 하는지 연습할 기회가 없는 셈이지요.

또 아이가 친구랑 싸우고 들어오면 "우리 애기를 누가 이렇게 울려? 엄마가 가서 혼내줄게, 그러니까 엄마가 이렇게 하랬지? 저렇게 하랬지? 거봐"하며 엄마가 모든 말을 다 해버린다면 아이는 다양한 상황에서 대처해야 할 방법을 능동적으로 생각하지 못하게 될 수도 있습니다.

이런 아이들에게는 가족의 변화가 필요합니다. 아이가 적극적으로 본인의 상황을 설명할 수 있도록 기다려 주고, 작은 것부터 아이의 의지대로 선택하고 행동할 수 있게 환경을 만들어 주어야 합니다. 그리고 자신이 생각하는 모든 것을 말로 표현하게 도와주면 아이의 징징거림이 사라질 수 있을 것입니다.

아이와 함께 큰 소리로 다음의 글을 읽어보세요. 복식호흡을 활용하며 또박또박 읽게 해주면 좋습니다.

> 장난감이 부서졌을 때, 눈물이 나옵니다.
> 친구랑 부딪혔을 때, 울음이 나옵니다.
> 엄마에게 꾸중을 들었을 때, 눈물이 나옵니다.
> 부끄러울 때, 울음이 나옵니다.
>
> 그런데 눈물을 참고 말을 하면 신기한 마법이 펼쳐집니다.
> 장난감이 부서졌을 때, 말을 하면 아빠가 고쳐주십니다.
> 친구랑 부딪혔을 때, 말을 하면 친구가 사과합니다.
> 엄마에게 꾸중을 들었을 때, 말을 하면 엄마가 안아줍니다.
> 부끄러울 때, 말을 하면 선생님이 이해해 줍니다.
>
> 말을 하니 마음이 행복합니다.

2 학습능력, 스피치로 도와주세요!

많은 학부모가 말의 중요성은 알고 있지만 "우리 아이는 영어, 수학, 과학 공부하느라고 스피치 배울 시간이 없어요"라고 말합니다. 이런 학부모들에게 꼭 들려주고 싶은 이야기가 있습니다.

우리 아이가 학습능력이 떨어지는 것 같다?
우리 아이가 공부는 열심히 하는데, 성적은 잘 안 오르고 흥미도 없어하는 것 같다?
우리 아이는 더 높은 목표로 공부를 시키고 싶다?

학과 공부를 살려줄 수 있는 기본기이자 최종적으로 갖추어야 할 능력, 즉 스피치 능력으로 아이의 미래를 미리 준비해 보는 것은 어떨까요?

① 스피치를 배우면 학교 공부에도 도움이 되나요?

"말 잘하는 아이가 공부도 잘한다?"
"발표 잘하면 성적이 올라간다?"

요즘 학부모 사이에서 오고 가는 이야기입니다. "누구네 집 딸이 말을 야무지게 하는 것을 보니 공부를 잘 할 것 같다"거나, "누구네 집 아들은 면접을 잘 봐서 대학도 좋은 데를 갔더라"라는 말이 많이 들립니다. 주변에서 보면 발표를 잘하는 아이들은 리더십도 있지만 공부도 곧잘 한다는 것을 알 수 있지요. 이렇듯 말과 학업 성취도는 깊은 연관성이 있는 것이 분명합니다.

이는 우리 어렸을 때와는 사뭇 달라진 이야기입니다. 우리 어렸을 때는 학교 수업 시간에 조용히 하고 선생님 말씀을 잘 들으면 공부를 잘 하는 아이가 되었습니다. 그리고 문제풀이를 많이 해서 시험만 잘 보면 좋은 성적을 받을 수 있었고 좋은 대학도 잘 갔었죠.

그런데 요즘은 왜 달라졌을까요? 학교에서 아이들은 모둠으로 토의나 토론을 하고 교사가 그 과정에서 누가 얼마나 참여하였는가를 두고 평가를 합니다. 모든 수업이 혼자 수행하는 것이 아니라 상호 의견을 나누는 수업으로 변화하였기 때문이지요. 또한 여러 명문 대학에서도 면접의 비중을 높이고 있고, 과학고 등 특목고 입시에서도 면접으로 인성과 창의성 그리고 학업능력까지 평가하고 있습니다. 또한 중·고등학교에서는 프레젠테이션 발표를 통해 수행평가를 하고 있습니다. 이렇듯 교육의 흐름은 이미 스피치 수업으로 변화하고 있습니다. 스피치에 능숙한 아이들이 학교 수업도 잘 따라가는 이유가 바로 여기에 있는 것입니다.

이뿐 아니라 말을 잘하는 아이들이 공부를 잘할 수밖에 없는 이유가 또 있습니다. 말을 하기 위해서는 여러 단계를 거치는데 그 과정을 살펴보면, 먼저 많은 정보 중에 어떤 정보를 머릿속에 입력할 것인가를 관찰하고 선택하는 정보 취사선택의 과정이 있습니다. 그 후에 정보를 토대로 자신의 의견을 덧붙여 새롭게 구성하는 재구성 과정이 필요합니다. 그런 다음 다른 친구들에게 풍부하고 설득력 있게 말하거나 표현하게 됩니다. 이런 과정 속에서 아이의 인지능력, 언어능력, 대인관계능력 등 다양한 사회적 기능이 발달합니다. 이 모든 기능은 결국 아이가 학교 공부를 빨리 이해하고 해석하여 학업에 응용할 수 있는 능력을 키우는 데 도움을 줍니다.

'말을 잘하는 아이가 공부도 잘한다!'라는 말은 엄마들 사이에서 돌아다니는 헛된 소문이 아니라 실제로 많은 아이에게서 나타나는 특징입니다. 그렇다면 말을 활용해서 공부를 하고 성적까지 올릴 수 있는 방법은 없을까요? 말의 각인 효과를 통해 우리 아이의 학습 능력을 올리는 방법을 알아봅시다.

▶ 첫째, 외워야 하는 공부는 노래나 랩으로 만들기

엄마들도 학창시절에 길고 긴 노래 가사는 뚝딱 외웠지만, 이상하게 어려운 국사책은 절대 안 외워지는 것을 경험해 보았을 것입니다. 책의 내용에는 없고 노래 가사에는 있는 것, 바로 '리듬'을 활용하는 방법으로 아이의 학습을 도와줄 수 있는데요. 외우기 어려운 학습 내용에 아이가 좋아하는 노래의 멜로디를 덧입혀 보세요. 가사를 맞춰 넣느라고 내용을 골똘히 생각하면 저절로 공부가 되기도 하겠지만, 흥얼흥얼 거리다가 익숙해지면 자연스럽게 외울 수 있습니다.

▶ 둘째, 분명한 의견이 있어야 하는 분야는 엄마의 질문으로 도와주기

'왜 그런지'에 대해 의견을 많이 만들어야 하는 학교 숙제가 있다면 엄마가 아이에게 다양한 질문으로 답을 생각할 수 있도록 해 주세요.

"왜 그렇게 생각했는데?"

"왜 그럴까?"

"그래? 그건 왜 그렇지?"

"아~ 그렇구나. 그런데 왜 그렇게 생각했어?"

　　다양한 질문으로 아이의 생각을 묻고 늘어지면 아이는 그 질문에 대답하기 위해 여러 가지 방향으로 생각하고 자신의 생각을 설명하려고 할 것입니다. 엄마와 이렇게 연습해 본 아이는 학교에서 발표하거나 토론하기 좋은 말을 스스로 골라낼 수 있고, 엄마와의 모의 연습을 통해 '말빨'도 강하게 만들 수 있답니다.

② 스피치 교육, 언제 시작하면 아이에게 도움이 될까요?

> *"우리 애는 아직 일곱 살이라 스피치 배우기에는 좀 이른 것 같아요."*
> *"우리 아이가 중학생인데, 발표를 못해서 걱정입니다.*
> *스피치 배우기 너무 늦어서 어떡하죠?"*
> *"스피치 교육을 받게 하고 싶은데, 언제 배우는 게 가장 좋은가요?"*

스피치 교육의 최적의 시기에는 두 가지 시점이 있습니다. 첫 번째 시점은 사회적 언어가 발달하기 시작하는 시기이고, 두 번째 시점은 언어 구조를 다양하게 활용하는 시기입니다.

첫 번째, 사회적 언어가 발달하기 시작하는 시기는 6~7세입니다. 이 시기는 생각의 중심이 '나'에서 '서로'로 변화하는 시기이기 때문에 다른 사람의 눈치를 보기 시작합니다. 그래서 이 시기에 제대로 된 또래관계 언어, 감정표현 언어를 습득하지 못하면 초등학교 및 중학교에 가서 자기표현을 못하는 아이, 다른 사람의 감정을 고려하지 않는 아이가 될 가능성이 있습니다. 이 시기에는 또래에게 말을 거는 스피치, 낯선 환경에서 자신을 표현하는 스피치, 친구의 부탁을 거절하는 스피치 등이 필요합니다. 이 시기의 아이를 둔 엄마들은 많은 사람들 앞에서 자신 있게 발표하는 대중 연설 능력을 키우려고 애쓰기보다는 지금 우리 아이에게 꼭 필요한 커뮤니케이션 능력의 발달을 위해 조금 더 신경을 써 주는 게 좋습니다.

[아이와 함께 이야기해 보아요]

- 새로운 유치원에 가면 앞에 나가서 친구들에게 첫 인사하기
- 좋아하는 친구와 놀이터에서 만났을 때 반갑게 인사하기
- 친구가 괴롭히면 싫다고 거절하기
- 친구와 놀고 싶을 때 놀이 제안하기
- 선생님의 도움이 필요할 때 도움을 요청하기
- 친구와 싸웠을 때 화해하기

이때 엄마가 친구의 역할, 선생님의 역할을 함으로써 아이가 실제로 활용할 수 있도록 합니다.

두 번째 시점은 언어 구조를 다양하게 활용하는 시기입니다. 이 시기는 초등학교 2·3·4학년 정도가 됩니다. 이때는 통합, 논리, 추론, 변형, 서술 등 문장을 다양한 형태로 발전시켜 말을 할 수 있는 시기입니다. 이때 제대로 된 스피치 교육을 받지 못하면 문장의 유연성이 떨어질 뿐만 아니라 핵심이 없는 이야기를 하게 됩니다. 이 시기의 아이를 둔 엄마는 조리 있게 주장하고 많은 사람 앞에서 발표할 수 있는 연단 스피치 기법을 훈련시켜 주는 게 좋습니다. 다음의 주제들을 아이와 함께 정리하고 구성하여 발표할 수 있도록 연습해 보세요.

[아이와 함께 이야기해 보아요]

- 1분 자기소개 스피치
- 기뻤던 일, 슬펐던 일, 즐거웠던 일 등 일상의 감정을 표현하는 스피치
- 좋아하는 동물, 물건 등에 관해 소개하는 스피치
- 존경하는 인물, 꿈 등 미래 비전에 관한 스피치
- 환경보호, 바른 말 쓰기, 폭력 없애기 등 자신의 의견에 관한 스피치

스피치를 시작하기 가장 좋은 시기는 보통 6세나 7세경에 한 번 오고, 초등 2~4학년에 두 번째 적기가 온다고 보면 좋습니다. 그러나 그 시기를 놓쳤다고 해서 큰일 나는 것도 아니고 안 되는 것도 아니지요. 모든 아이들마다 그 시기가 조금씩 달리 올 수도 있고 효과의 크기도 조금씩 차이가 날 수 있기 때문입니다.

조금씩 개인차에 따라 달라지기는 하지만 일단 시작하면 좋은 커리큘럼으로 체계적인 훈련을 받는 것이 좋습니다. 어린 나이라고 해서 쉽게만 가르치고 높은 연령이라고 해서 무조건 어렵게 가르치는 게 아니라 아이의 특성에 맞게 적절한 교육을 받는 것, 이것이 좋은 시기보다 더 중요할 수도 있지요. 아이들의 자신감과 자존감을 올려줄 수 있는 말하기 기술, 좋은 시기에 확실히 시작해 보는 것은 어떨까요?

③ 언어치료를 하고 있는데, 스피치 학원이 도움이 되나요?

말이 늦게 트인 아이의 경우, 청각 기능에 문제가 없다면 시간이 지남에 따라 상태는 좋아집니다. 단, 언어의 상호작용이 활발히 이루어져야 하는 시기에 충분하게 말을 하지 못한 아이라면 말할 때 입에 침이 많이 고이거나 말이 어눌하고 문장 완성도가 떨어지는 특징이 있습니다. 이런 아이들은 언어치료센터에서 대근육, 소근육 치료를 받기도 하고 발성이나 발화에 관해 훈련을 받게 됩니다. 이런 훈련과 동시에 스피치 교육을 함께 하면 더 큰 효과를 얻을 수 있습니다. 스피치 호흡훈련을 통해 침을 삼키게 하고 연령대에 맞는 다양한 어휘와 문장력을 연습하게 하여 머릿속에 맴돌고 있는 단어를 문장으로 조합하여 말하게 하는 스피치 수업이 많은 도움이 되고 있습니다.

또 발음이 부정확한 아이들은 조음기관을 활용한 쉬운 발음, 어려운 발음, 또래 관계에서 많이 쓰이는 단어의 발음 등을 활용하여 발표를 시켜주면 좋습니다. 긴장성 발성 장애 등 발성에 어려움을 느끼는 아이들과는 스피치 공명을 활용한 훈련, 높낮이가 다른 발성 훈련, 혀뿌리 발성 훈련 등으로 목구멍 근육에 긴장을 낮추는 수업을 합니다. 그리고 자신의 목소리를 녹음하여 들어보며 청각적 자극에 대해 지나치게 민감하게 받아들이는 것을 교정할 수도 있습니다.

위와 같이 간단한 언어발달 지연을 보이는 아이들이 아닌, 조금 더 복잡한 증세가 나타나는 아이들은 한층 특성화된 수업으로 도움을 받을 수 있습니다. 정서적인 문제나 신경증적인 문제, 말더듬 등 여러 가지 요인으로 언어생활을 정상적으로 하고 있지 못한 아이들이 이에 해당합니다. 키즈 스피치 마루지에서 도움을 받을 수 있는 심화 증세는 다음과 같습니다.

▶ 선택적 함구증

다른 상황에서는 말을 하면서도 다른 특정한 사회적 상황에서는 말을 개시하지 않거나 다른 사람의 말에 언어적으로 반응하지 않는 것을 일컫는다.

[네이버 지식백과] 선택적 함구증 [Selective Mutism]

(심리학용어사전, 2014. 4., 한국심리학회)

▶ ADHD 증후군

주의력 결핍, 과잉행동장애는 아동기에 많이 나타나는 장애로, 지속적으로 주의력이 부족하여 산만하고 과다활동, 충동성을 보이는 상태를 말한다.

[네이버 지식백과] 주의력결핍 과잉행동장애 [Attention Deficit / Hyperactivity Disorder]

(서울대학교병원 의학정보, 서울대학교병원)

▶ 아스퍼거 증후군

사회적으로 서로 주고받는 대인관계에 문제가 있고, 행동이나 관심 분야, 활동 분야가 한정되어 있으며 같은 양상을 반복하는 상동적인 증세를 보이는 질환이다.

[네이버 지식백과] 아스퍼거 장애 [Asperger Disorder]

(서울대학교병원 의학정보, 서울대학교병원)

▶ 말더듬증

말이 막히는 현상이다. 일상 대화 중간에 말을 더듬는 증상이 정상 범위를 넘어 심리적인 부담을 갖게 되면 말더듬이라고 지칭하게 된다.

[네이버 지식백과] 말더듬 [Dysphemia]

(국가건강정보포털 의학정보)

　　위의 경우 언어치료를 하거나 병원 주치의 선생님의 진단과 체크를 꾸준히 받으면서 스피치 수업을 병행하면 상당부분 증세가 호전이 됩니다.

▶ 선택적 함구증

함구증의 원인은 아이의 기질, 부모의 양육 태도, 환경의 변화 등이 있습니다. 함구증은 엄마나 가족과는 말을 잘 하지만 낯선 사람과 말을 하지 않는 특성이 있기 때문에 엄마가 적극적으로 훈련시키기는 어렵습니다. 대신 키즈스피치 전문 교육기관에서 발성과 발화에 관한 훈련, 그리고 마인드 컨트롤 훈련을 병행하면 많은 도움이 됩니다. 전문 교육기관에서 새로운 친구들과 선생님과 수업하다 보면 천천히 나아질 것입니다.

▶ ADHD 증후군

ADHD 증후군이 있는 아이는 말을 하긴 하지만 말에 조리가 없고 시작과 마무리도 없는 형태로 불쑥 내뱉는 특성이 있습니다. 이것을 해결하기 위해서는 단어를 조합하여 문장으로 이어질 수 있게 하고, 문장이 주제와 연관되어 이야기를 만드는 것을 훈련하는 논리 스피치가 좋습니다. 이런 아이의 경우, 엄마도 불안함을 보이는 경우가 있는데 아이의 주의력 결핍을 해결하기 위해 우선적으로 엄마의 행동을 일관되게 정리해야 한다는 것을 반드시 기억해 주세요. 엄마의 우왕좌왕하는 모습에 아이의 불안감도 커집니다.

▶ 아스퍼거 증후군

아스퍼거 증후군이 있는 아이는 어울리지 않는 말을 뜬금없이 하기도 하고, 웃기지 않은 상황에서 웃는다거나 또래 아이들의 마음을 이해하지 못하고 함부로 말을 하는 것처럼 보이기도 합니다. 이때 엄마는 아이의 상황을 주변에 부드럽게 전달하고 아이를 다정하게 타일러주는 것이 좋습니다. 스피치 교육으로는 다양한 상황을 설정하고 그 상황에 맞는 대화법, 주제에 대한 이야기, 생각 정리 등을 반복적으로 훈련하면 도움이 됩니다.

▶ 말더듬증

말더듬의 증상이 있는 아이는 "아아아아..아빠처럼" 등의 초성을 더듬는 경우가 많은데 이는 심리적인 요인과 연관이 깊습니다. 말더듬 치료의 세계적인 권위자 밴 리퍼 교수(언어치료사, 미국)에 따르면 '어릴 때 말을 더듬었던 사람의 37%는 성인이 된 후에도 말더듬 현상이 없어지지 않고 지속된다. 이런 사람은 어릴 때 말더듬 증상을 교정하지 못했던 경우이다'라고 했습니다. 말더듬을 극복하기 위해서는 음절이 반복되는 것을 다른 음절로 바꾸어 주는 방법이나 아예 첫 마디부터 막혀서 안 나오는 경우에는 호흡조절로 그 현상을 빠져 나오게 하는 방법 등이 있습니다.

요즘 아이들은 형제도 많지 않고, 공부하느라 친구들과 교류할 시간도 없어서 대화 방법이나 또래 관계를 배울 수 있는 기회가 적습니다. 그러다 보니 언어적인 문제가 더 심각해지기도 하는데요. 언어발달에 문제가 있다면 숨기려고 하지 말고 주변의 도움을 받는 것이 좋습니다. 정확한 진단을 받고, 증상과 특징에 따라 맞춤 스피치 훈련을 받는다면 실제 또래 사회 속에서 적응할 수 있는 방법을 충분히 배울 수 있을 것입니다.

3 아이의 인성, 스피치로 도와주세요!

"우리 아이는 왜 저렇게 제멋대로인지 모르겠어요.
친구들에게도 함부로 대하고, 아주 못 말려요."

엄마의 하소연을 듣고 아이를 관찰했더니 아이의 행동은 엄마가 염려한 대로였습니다. 다른 아이가 보고 있던 만화책을 휙 빼앗아 가더니 바닥에 철퍼덕 앉아서 읽습니다. 그러나 다리가 불편했는지 의자 위에 있던 다른 사람의 옷가지를 바닥으로 떨어뜨리고 그 의자 위에 자리를 잡았습니다. 잠시 후 옷의 주인이 나타나 누가 그랬냐고 추궁을 하니 아이는 전혀 모른다는 표정으로 시선을 피했습니다.

그러나 문제는 그 후에 벌어졌습니다. 그런 아이의 모습을 보고 엄마가 "야! 너 왜 이렇게 못됐냐? 정말 지 맘대로 하고, 그럴 줄 알았어. 여기 와서도 또 저럴 줄 알았어. 다른 사람 옷을 그렇게 떨어뜨리면 어떡하냐고! 얼른 주워놔! 말 안 들으면 이따가 혼날 줄 알아! 선생님 쟤가 저래요. 정말, 창피해서 어떡해요?"라고 하면서 학원이 떠나갈 정도의 큰 소리로 아이를 비난했습니다.

엄마는 자신의 잘못이 아니라는 것을 증명하는 것에 몰두한 나머지 주위에 얼마나 많은 사람이 이 말을 듣고 있는지 깨닫지 못한 것 같았고, 아이는 분노에 가득 찬 얼굴로 씩씩거리고 있었습니다. 아이도 엄마도 서로를 진심으로 사랑하고 존중하는 방법을 모르는 것 같다는 생각이 들었습니다. 인성이 좋은 아이가 되길 바란다면 엄마부터 바른 생각과 행동을 보여주고 아이 스스로 멋진 모습을 만들어 갈 수 있게 도와주어야 합니다. 그리고 그 과정에서 가장 중요한 것이 엄마와 아이의 바른 언어 습관입니다.

① 말 배우는 아이, 존댓말을 꼭 쓰게 해야 할까요?

"엄마 이거 줘~"
"아빠! 일루 와!"
"할머니! 난 할머니가 젤 좋아!"

생글거리는 얼굴로 이렇게 말하는 아이를 보면 미소가 지어지기도 하지만 한편으로는 저런 언어습관이 마냥 사랑스럽지 않은 날이 올 것 같아 걱정이 됩니다. 3~4세의 아이가 애교부리는 것을 마다할 부모는 없겠지요. 하지만 존댓말을 배우지 않은 채 유아기를 보내고 나서 초등학교에 들어간 후 존댓말로 바꾸는 것은 정말 어려운 일입니다. 이미 습관이 되어서 아이 스스로 존댓말을 쓰는 것을 어색해하기 때문이죠. 그래서 말을 배우기 시작할 때부터 존댓말을 쓰게 하는 것이 좋습니다. 어릴 때 존댓말을 쓰게 되면 여러모로 아이의 언어발달에 도움을 줄 수 있습니다. 존댓말은 대상에 따라 상황에 따라, 적당한 높임을 선택하고 활용해야 하는 언어활동입니다. 예를 들어 식사시간에 가족들에게 식사를 권하는 말을 생각해 봅시다. 엄마가 아이에게 "어른들께 식사하시라고 전해줄래?"라고 하면 아이는

"할아버지! 진지 드세요."
"아빠! 식사 하세요."
"오빠! 밥 먹어."
"동생아! 맘마!"

대상에 따른 어휘를 취사선택하고 활용해야 합니다. 이 과정에서 보다 수준 높은 언어 감각을 익힐 수 있고, 어떤 사람에게 어떤 존댓말을 써야 하는지 결정하는 과정에서 판단력을 기를 수도 있습니다.

또한 존댓말은 아이의 표현을 순화하기도 합니다. 엄마에게 화가 나는 상황이라도 말을 함부로 하지 않습니다. 고르고 단속해야 할 말이 많기 때문이죠. 그렇게 말을 생각하다 보면 화가 누그러지고 어떤 말로 표현해야 할지 한 번 더 생각하게 됩니다. 하지만 반말이 습관화된 아이들은 거침없이 험한 말이 나올 수 있습니다.

어른의 경우를 생각해 보세요. 자동차 접촉 사고가 났다고 가정해 봅시다. 뒤에서 앞 차를 들이 받은 아주머니가 머리를 조아리고 앞 차로 달려갔는데, 앞 차 운전석에서 나온 아저씨가 뒷목을 잡고 이렇게 말합니다.

"아이고, 이 아줌마가 정신이 나갔나? 운전을 왜 이 따위로 하고 있어?"

이 말을 들은 아줌마도 열이 올라오니 말이 곱게 나갈 리가 없습니다.

"아니, 얻다 대고 반말이야? 물어내면 될 거 아니야?"

격한 상황에서의 반말은 상대의 입장을 헤아리지 않고 비하하거나 무시하는 형태로 느껴질 수 있습니다. 아이도 마찬가지입니다. 존댓말이 입에 붙지 않은 아이들은 무언가 기분 나쁜 일이 있다거나 속상한 순간에 자기도 모르게 험한 말이 튀어 나오지요.

"아이 씨. 몰라! 엄마, 나한테 말 시키지 말라고!"
"엄마 오라니까 할머니가 왜 왔어! 가라고!"

하며 있는 힘껏 화를 내기도 합니다.

이런 말투는 사춘기가 되면 엄마의 통제에서 더욱 벗어나게 됩니다. 거친 친구를 만나서 더 심한 비속어를 배우기도 하지요. 이런 상태가 되면 엄마가 상상하는 이상의 수위로 거칠고 험한 말을 주저 없이 쓰게 될 수도 있습니다. 이런 여러가지 이유로 아이에게 존댓말을 가르치는 것은 백 번 옳은 교육입니다.

그렇다면 아이에게 존댓말은 어떻게 가르쳐야 할까요? 평소에 내내 쓰지 않았던 존댓말을 갑자기 쓴다면 아이는 오히려 거부감을 느끼고 더 쑥스러워 할 수 있기 때문에 조금씩 천천히 바꾸어 주어야 합니다. 이때, 기분 좋은 상황에서 존댓말을 쓰기 시작하는 것이 도움이 됩니다.

"오늘 놀이동산에 우리 아들이랑 같이 오니까 엄마 기분이 완전 좋은데요."
"우리 딸이 스스로 공부하는 모습을 보니, 엄마 마음이 정말 뿌듯합니다. 고마워요!"

긍정적인 상황에서 존댓말을 쓰면 아이는 존댓말에 대해 좋은 이미지를 가질 수 있습니다. 반대로 주의해야 할 것은 혼내는 상황에서만 존댓말을 쓰는 것이겠죠.

"엄마가 말했지요! 이렇게 하면 안 된다고 했잖아요! 당장 치우세요!"
"누가 이렇게 하라고 했어요! 또 혼나야 알겠어요?"

등의 말로 꾸짖는다면 아이의 마음속에는 '존댓말은 혼나는 말'이라는 연결고리가 생겨서 부정적인 이미지를 심어주게 됩니다. 좋은 상황에서 부드러운 말투로 존댓말을 사용하는 것, 아이를 잘 키우는 엄마의 지혜입니다.

② 거짓말을 밥 먹듯이 하는 아이, 어떡하죠?

"누가 깨뜨린 건지 모르겠어요. 난 절대 안 그랬어요."

3초 후에 들킬 것이 뻔한 거짓말을 하고 있는 아이 때문에 마음이 무겁습니다. 우리 아이가 거짓말을 하고 있는 게 분명해요. 6~7세 유아나 초등학생들의 학부모님들이 덜컥 겁을 먹고 이야기를 합니다.

아이가 요즘 부쩍 거짓말이 늘었다고요? 거짓말을 하는 것은 아이의 생각이 자라나고 있다는 증거입니다. 타인의 시선을 의식하고 자기를 평가하는 능력이 생기는 중이에요. 하지만 거짓말이 반복되고 정도가 심해지거나, 지나치게 자주 거짓말을 해서 자신이 어떤 거짓말을 했었는지 기억하지 못하는 상태가 되면 반드시 중단 시켜야 합니다. 또 하나의 거짓말을 숨기기 위해 또 다른 거짓말을 만들어 내는 경우도 있는데요. 이런 경우도 아이의 상황을 체크하여 어떤 문제가 있는지 주의 깊게 살펴봐야 합니다.

그러나 이때 거짓말을 한 것에 대해 혼을 내며 면박을 주면 아이는 죄책감에 시달리고 엄마나 어른이 아닌, 혼나지 않을 다른 사람, 즉 또래 친구들에게 거짓말을 하게 됩니다. 그래서 거짓말하는 아이의 전후 상황을 살펴보는 게 중요합니다. 거짓말을 둘러싸고 있는 것은 바로 두려움입니다. 내적인 두려움이나 외적인 두려움 등 아이의 마음에 어떤 두려움이 있는지부터 파악해야 합니다.

아이들의 두려움에는 보통 세 가지 경우가 있습니다.

첫째, 타인의 평가가 두려운 아이입니다. 소심한 성격을 갖고 있어서 엄마나 선생님한테 혼날까 봐, 친구들에게 왕따 당할까 봐, 끊임없이 걱정하고 두려워합니다. 그래서 본인에게 유리한 쪽으로 거짓말을 하게 되는 것이지요. 이럴 땐 모든 사람이 아이를 혼내고 나무라는 사람이 아니라는 인식을 갖게 해 주어야 합니다. 또 아이가 자신의 감정이나 행동에 자신감을 가질 수 있도록 응원해 주어야 합니다.

> 상우야, 숙제를 다 못했다고 선생님이 널 미워하시지는 않아.
> 하지만 네가 약속을 더 잘 지키는 사람이 되라고 바라시는 거지.
> 그러니까 해답지를 베껴 쓰지 말고 네 생각을 써봐.
> 그게 더 멋진 일이지 않을까?

둘째, 거짓말이 습관이 된 아이입니다. 거짓말을 해봤더니 문제가 더 쉽게 해결되고 눈앞의 이익을 봤던 아이라면 이 습관이 더 강화되었을 수 있습니다. 이런 아이에게는 솔직한 감정의 중요성을 알려주어야 합니다. 솔직하게 말하는 게 더 쉽고 유리한 방법이라는 것을 분석해서 비교하게 해 주면 좋습니다.

> 상우야, 숙제가 좀 어려워서 해답지를 봤니?
> 그걸 솔직히 말하면 엄마랑 다시 차근차근 풀어갈 수 있을 테고, 아니라고 거짓말을 하면 엄마가 너에게 실망할 것 같아.
> 너도 아마 스스로에게 부끄러울 거야.
> 진짜 용감한 것은 잘못을 인정하는 거야.
> 또 거짓말이라는 것이 들통 나면 이 문제집을 처음부터 다시 풀어야 해.
> 내 생각에는 그게 더 힘들 것 같은데?

셋째, 엄마를 만족시켜 주고 싶은 아이입니다. 엄마에 대한 의존도가 높은 아이거나 자존감이 낮은 아이일 경우에는 이런 특징이 많이 나타나는데요. 이런 아이의 경우에는 가족 내 환경을 살펴보고 엄마와의 관계에서 신뢰를 회복하는 것이 중요합니다. 잘못을 하더라도 엄마가 언제나처럼 나를 사랑해줄 거라는 강한 믿음을 갖게 하는 것이야 말로 엄마와 아이 사이에서 가장 필요한 일입니다.

> 상우야, 숙제를 빨리 끝내고 싶어서 해답지를 보고 썼구나.
> 엄마는 상우가 문제를 많이 틀렸다고 상우를 혼내지는 않아.
> 푸는 과정에서 많이 노력했으니까 오히려 엄마가 칭찬해 줄 수 있단다.
> 그러니 솔직하게 말하고 잘못을 인정하는 건 어떠니?
> 엄마는 항상 너를 응원한단다.

거짓말하는 아이들을 대할 때 주의해야 할 것은 아이가 하는 말이 거짓말이라는 것을 알았을 때 엄마의 반응입니다. 다른 사람들이 있는 앞에서 '거짓말쟁이'로 낙인찍히거나 엄마가 아이를 비하하는 말투로 공격한다면 아이는 지울 수 없는 마음의 상처를 받게 될 것입니다. 거짓말을 할 수밖에 없었던 아이의 상황을 이해하고 그에 따른 해결책을 적용해 주세요. 거짓말을 하는 아이들은 마음의 힘이 약한 아이들입니다. 이런 아이에게 거짓말은 약한 마음을 들키지 않게 하는 갑옷이나 마찬가지이지요. 억지로 벗겨내려고 하면 수치심을 느낄 수 있으니 내면을 강하게 하여 스스로 벗어 던지게 하세요.

③ 새 학기 증후군인 우리 아이, 학교 가는 것을 거부합니다.

"학교 안 갈래요. 재미없어요."
"학교 가기 싫어요. 그냥 엄마랑 집에서 있을래요."
"화장실 가야 해서 학교 못 가겠어요."

3월. 아침마다 별별 핑계를 돌려대면서 학교에 가기 싫다고 하는 아이와 실랑이를 벌이는 엄마들의 고충이 시작되는 새 학기가 다가옵니다. 유치원에 적응할 때도 힘들었는데 학교는 열 배나 더 힘들다고 토로하는 엄마들이 많이 있습니다. 이처럼 유난히 새 학년, 새 학기에 떼를 쓰면서 등교를 거부하거나, 학교생활에 적응하지 못하는 아이들이 있는데요. 이런 증상을 새 학기 증후군이라고 합니다.

'시간이 지나면서 곧 괜찮아지겠지'하고 넘어가 버리면 아이의 자존감이 낮아질 수 있고 친구 관계나 학습능력에도 부정적인 영향을 미치게 되므로 주의해야 합니다. 새 학기 증후군은 새로운 환경에 적응하는 것을 부담스러워 하는 '적응장애' 중 하나입니다. 새롭게 만난 선생님과 친구들이 특별히 아이에게 뭐라고 하지는 않았지만 아이에게는 낯선 타인과 함께 생활하는 자체가 스트레스가 되는 것이지요.

다음의 체크 리스트를 통해 우리 아이에게 새 학기 증후군이 있는지 확인해 보세요.

✔ 체크 리스트

〈새 학기 증후군〉

① 새 학기가 시작된 후 표정이 어두워지고 눈에 띄게 말수가 줄어들었다. … ☐
② 내일 학교에서 무엇을 하게 될지 지나치게 걱정하며 잠을 못 이룬다. ……… ☐
③ 등교할 시간만 되면 배가 아프다고 하며 화장실을 들락날락 한다. ………… ☐
④ 선생님이 무서워서 학교에 가기 싫다고 할 때가 많다. ……………………… ☐
⑤ 학교에 갔다 돌아오면 하루 종일 늘어져 있다. …………………………… ☐
⑥ 유치원이나 전 학년으로 돌아가고 싶다는 말을 많이 한다. ……………… ☐
⑦ 짜증이 늘고 공격적으로 변하는 것 같다. ……………………………… ☐
⑧ 학교에서 있었던 일을 물어보면 무슨 일이 있었는지 말을 하지 않는다. … ☐
⑨ 학교 알림장을 잘 써오지 못한다. ……………………………………… ☐
⑩ 학교 숙제나 준비물을 챙기지 못해서 선생님의 호출을 받는 횟수가 많다. … ☐

　1개　　컨디션에 따라 좋을 때도 있고 나쁠 때도 있어요. 걱정하지 말고 잘
　　　　관찰해 주세요.
2개~4개　아이와 대화하는 시간을 많이 늘리고 학교생활을 꼼꼼히 체크해
　　　　보아요.
5개 이상　새 학기 증후군 스피치 훈련으로 차근차근 적응력을 키워 보아요.

엄마가 새 학기 증후군을 빨리 알아채지 못하면 아이의 학기 초가 매우 불안한 상태로 흘러갈 수 있습니다. 수업시간에도 혼자 다른 생각을 하고 친구들과 상호작용을 전혀 하지 않을 뿐만 아니라 수업시간에도 엎드려 있거나 화장실을 들락날락 하는 등 집중을 하지 못합니다. 새 학기 증후군은 크게 두 가지 유형으로 나누어 볼 수 있습니다.

첫째, 분리불안 장애 유형.
엄마와 떨어져서 자기 혼자 학교에 있다는 것을 불안해하는 증상을 보입니다. 주로 1학년에 입학한 아이들에게 자주 나타나는데, 이런 유형의 아이들은 집을 나서는 것부터 엄마를 힘들게 하지요. 억지로 집을 나선 아이는 엄마가 있는 쪽을 수십 번 뒤돌아보고 어깨를 축 늘어뜨린 채 등교하는 모습을 보입니다.

이런 유형의 아이에게는 엄마가 집에 있어도 항상 아이를 생각하고 있다는 것, 아이가 돌아올 때 집에서 항상 기다리고 있다는 확신을 심어주어야 합니다. 그리고 1학년일 경우에는 학기 초에 담임 선생님과 면담을 하여 아이의 특성을 이야기하고 도움을 받을 수 있도록 해야 합니다. 그리고 아이 혼자 무언가를 시도하고 성공할 수 있도록 지속적인 훈련이 필요합니다. 심부름 성공하기, 혼자 일기쓰기, 설거지 도와주기, 식당에서 주문하기 등의 성공 경험이 도움이 될 수 있습니다.

둘째, 신체화 증후군 유형.
배가 아픈 것 같고 머리가 깨질 것 같은 느낌은 들지만 실제로는 아무 이상이 없는 경우입니다. 이런 유형도 신체 질환이 아니라 심리적인 요인으로 나타나는 증후군 입니다. 약하게는 배가 아픈 것으로 나타나기도 하지만 심하게는 다리가 움직이지 않거나 얼굴 표정이 움직이지 않는 근육 마비 현상까지도 올 수 있습니다. 이때는 아이를 편안한 상태로 만들어주는 것이 무엇보다 먼저입니다. 편안하게 누워서 아이를 쓰다듬으며 걱정거리에 대해 이야기를 나누어 보세요. 엄마의 어린 시절 이야기를 해 주어도 좋고요. 엄마의 초등학교 친구 이야기를 해 주어도 좋습니다. 아이가 학교에 흥미를 가질 수 있도록 에피소드를 한껏 풀어 놓으면 그 이야기를 들으며 학교에 대한 기대감과 호기심을 느낄 수 있을 것입니다.

아이의 학교생활에 커다란 벽이 될 수 있는 새 학기 증후군, 증상이 생겼다면 적극적으로 대화하여 아이의 마음을 이해하고 극복할 수 있도록 응원해 주는 것이 필요합니다. 그러나 더 바람직한 것은 엄마의 세심한 관심을 통해 새 학기 증후군이 나타나지 않게 미리 예방하는 것입니다.

그럼 새 학기 증후군 예방법, 알아볼까요?

> [새 학기 증후군 예방하는 방법]
> • 예비 초등학생이라면 입학할 학교에 미리 가서 학교를 둘러본다.
> • 학습보다는 스트레스를 풀 수 있는 활동을 많이 한다.
> • 또래 아이들과 비교하지 않는다.
> • 엄마, 아빠는 항상 아이의 편이라는 것을 말해주고 응원해 준다.
> • 엄마, 아빠의 초등학교 시절 이야기를 들려주는 등 대화를 많이 한다.
> • 선생님이나 학교의 험담을 아이 앞에서 하지 않는다.
> • 비염이나 결막염 등 알레르기 질환을 미리 치료해 준다.
> • 알림장 쓰는 방법을 미리 연습한다.
> • 또래 대화 스피치를 미리 연습한다.
> • 손들고 발표하는 스피치 연습을 한다.

이런 방법으로 새 학년 새 학기를 씩씩하게 시작할 수 있게 도와주는 것, 엄마의 노력으로 아이의 1년이 편해진다는 사실을 기억해 주세요.

4 예비 초등 준비, 스피치로 도와주세요!

'시작'이라는 말은 설렘도 있지만, 두려운 감정도 함께 드는 단어이지요. 우리 아이들이 '대접받던 7세'를 지나 시작되는 '초딩 라이프'가 걱정되는 건 어쩌면 당연한 일입니다. 엄마의 1학년을 떠올려 보세요. 수십 년 전, 어리바리했던 엄마의 초등학교 1학년 그때를요. 담임 선생님의 얼굴을 잊어버릴까봐, 교실의 내 자리를 찾지 못할까봐, 밥을 늦게 먹어서 혼날까봐, 준비물을 못 챙겨 갈까봐…

우리 아이들도 엄마처럼 오만가지 걱정을 하며 입학식을 맞이하겠지요. 이 걱정을 조금이라도 줄여줄 수 있는 아주 확실한 방법은 야무지게 준비하는 것입니다. 초등학교에 입학하면 벌어질 여러 상황들을 상상하고, 미리 연습해 놓는다면 두려움 대신 기대감이 커질 수 있겠죠. '예비 초등'이라는 특수한 시기인 7세 1년을 잘 보내야 하는 이유가 여기에 있습니다. 7세 1년을 어떻게 준비 하느냐에 따라 초등학교 생활이 즐겁게 흘러갈 수도 있고, 스트레스를 받게 될 수도 있습니다.

많은 엄마들이 가장 고민하는 부분이 학교에 올라가기 전에 무엇을 어떻게 준비시켜야 하는지 인데요. '예비 초등 스피치'에서는 가장 중요하게 생각해야 할 것을 두 가지로 나누어 봅니다. 첫째는 발표&자기소개 자신감 키우기, 둘째는 또래대화 자신감 키우기입니다.

이 두 가지 자신감은 입학을 한 후에 바로 확인할 수 있는데요. 대부분의 1학년 아이들은 3월에 '자기소개'를 해야 하는 난감한 상황을 겪어야 하기 때문입니다. 그리고 한숨 돌리기도 전에 4월에는 공개수업이 기다리고 있습니다. 그 후에는 바로 5월초까지 담임 선생님 1:1 면담이 이루어집니다. 이 시기에 우리 아이가 조금이라도 스트레스를 덜 받고 즐거운 '초딩 라이프'를 만들어 갈 수 있도록 다음의 세 가지 꿀팁을 활용하세요.

① 3월 자기소개 꿀팁

3월 학기 초 빼놓을 수 없는 것이 바로 '자기소개'입니다. 선생님과 친구들에게 나에 대해 처음으로 소개하는 아주 중요한 관문이지요. 보통 교실 앞에 서서 친구들을 바라보고 자기소개를 할 텐데 많은 친구들이 나만 쳐다보고 있으면 떨리고 긴장될 수 있어요. 자신 있게 말할 수 있도록 집에서 엄마와 함께 연습해 볼까요?

씩씩한 목소리로, 친구들을 바라보며, 또박또박 정확한 발음으로, 친해지고 싶은 마음을 표현해 봐~

안녕하세요? 저는 _____입니다.
제가 좋아하는 것은 (동물, 물건, 장난감 등)_____입니다.
왜냐하면, _____하기 때문입니다.
저는 (활동, 운동, 수업, 공부 등)_____을 할 때가
가장 즐겁습니다.
왜냐하면, _____하기 때문입니다.
저는 _____에 살고 있습니다. 나중에 친해지면 우리 집에 놀러 와 보세요.
앞으로 친하게 지냈으면 좋겠습니다.
감사합니다.

여기서 주의할 점이 있다면 때로 별명을 소개하는 경우가 있는데요. 별명을 소개하는 것은 친근감을 줄 수 있으나 혹시라도 학년 내내 별명을 불리며 놀림 받을 수 있으니, 자랑스러운 별명이 아니라면 별명대신 좋아하는 것을 소개해요. 좋아하는 것을 소개하면 공통의 관심사를 이끌어내서 친해지기 쉬워요. 애완동물을 기르고 있다면 꼭 이야기해 보세요. 1학년 친구들은 애완동물에 관심이 많답니다. 그리고 집을 소개하는 것은 아이들의 호기심을 끌 수 있어요. 놀러가고 싶다고 생각하여 친해지는 계기가 됩니다.

② 4월 공개수업 꿀팁

4월이 되면 대부분의 학교는 오전에 한두 시간 정도 학부모를 초청하여 공개수업을 합니다. 보통은 학교 총회와 날을 맞춰서 오전에 각 교실에서 공개수업을 한 후, 오후에는 학부모 총회를 하며 학부모 대표를 뽑고 교장선생님께서 학교의 교육방침과 1년 운영계획 등을 공유하시지요. 초등 1학년을 처음으로 겪는 학부모는 이 날이 가장 떨리는 날이기도 합니다. 1달 정도 학교에 적응한 아이의 모습을 볼 수 있는 특별한 날이자, 그러지 않으려고 해도 어쩔 수 없이 우리 아이와 다른 아이를 한눈에 비교할 수 있는 예민한 날이기도 하기 때문입니다. 옆집 엄마, 앞집 엄마들이 모두 옹기종기 모여 우리 아이를 볼 거라는 부담스러움에 며칠 전부터 아이를 붙잡고 "너, 엄마가 볼 테니 잘해야 한다", "씩씩하게 발표해라", "무조건 손들어야 한다"며 협박 아닌 협박을 하는 경우도 있습니다. 하지만, 곧 그날이 오면 '내 말을 들으면 내 자식이 아니다'라는 말을 실감하게 됩니다.

4월 공개수업을 위해 이런 윽박지르는 연습보다 더 효과적인 것은 '학교놀이'입니다. 엄마와 공개수업 놀이를 하는 거죠. 이때, 엄마가 아이 역할을 하며 아이에게 어떻게 해야 하는지 알려달라고 하는 것이 좋습니다. 엄마가 모든 것을 알려주고 지시하면, 아이는 공개수업 날이 엄마에게 테스트 받는 날이라는 인식이 강해서 수업 내내 가자미눈을 하고 엄마만 쳐다볼 수 있습니다.

하지만 너무 걱정하지 않아도 되는 이유는 대부분의 1학년 선생님들은 공개수업 때 어떤 발표를 하게 될지 미리 아이의 알림장에 써서 보내는 경우가 많습니다. 또 손을 들지 않는 아이도 골고루 발표의 기회를 주기도 합니다. 그래서 알림장을 확인하고 연습하면 무리 없이 공개수업을 즐길 수 있습니다.

[공개수업 준비하는 방법]

- 엄마가 먼저 책 읽고 아이랑 번갈아 가며 읽어 보기
- 공개수업 날 발표할 주제에 대해 자유롭게 대화하기
- 손드는 연습하기
- 복식호흡과 발성으로 큰 목소리 연습하기

그리고 가장 중요한 준비는 엄마의 비교하지 않는 마음가짐입니다. 내 아이가 다소 목소리가 작아도, 손을 좀 늦게 들어도, 엄마 눈치를 보더라도 다 괜찮습니다. 제법 의젓하게 앉아서 선생님의 말씀을 따라하는 아이의 손짓 하나만으로도 대견하고 기특한 도전이라는 것을 기억하세요.

③ 5월 학부모 면담 꿀팁

학교마다 면담 주간이 조금씩 다르지만 대부분 4월과 5월 초 안에 모든 면담이 끝납니다. 물론 그 전에 특별한 관리가 필요한 아이라면 담임 선생님이 부모님께 먼저 연락을 드리는 경우도 있습니다. 그런 경우가 아니라면 대부분 아이의 알림장이나 E-알리미 등을 통해 면담 안내를 하고 신청을 받습니다. 원하는 시간대를 회신하면 최종적으로 담임 선생님이 면담 날짜를 정해서 알려줍니다. 면담은 15분~30분 간격으로 정해져 있어서 지나치게 오래하는 것보다 궁금한 것을 미리 메모해서 가는 것이 좋습니다.

▶ 담임 선생님께 어디까지 말씀드려야 할까?

　부모님이 아이의 특성을 자세하게 알려주시면 선생님은 큰 도움을 받습니다. 유치원과는 다르게 한 반의 인원도 많아졌고, 학교 선생님은 보육의 개념보다는 학교적응이나 학습적인 부분도 많이 신경 써야하기 때문에 아이의 개인적인 성향까지 세밀히 관찰하기 힘든 것이 사실입니다. 부모님이 아이의 성격, 장단점, 혹은 염려스러운 버릇 등을 알려드리면 좋습니다. 그러나 큰 단점이 아니라면 굳이 단점을 강조해서 말할 필요는 없습니다. 아이를 처음 보는 담임 선생님이 혹여 아이에 대해 부정적인 선입견을 갖게 될 수도 있기 때문이지요.

▶ 선생님께 꼭 드려야 하는 질문은 무엇일까요?

　실제로 많은 엄마들이 교사와 면담할 때 질문보다는 선생님의 말을 더 많이 들으려고 한다고 합니다. 반면, 선생님들은 1학기이기 때문에 아이의 특성을 파악할 시간이 별로 없습니다. 그래서 엄마에게 궁금한 것이 많지요. 그러다 보면 아까운 상담 시간이 이래저래 안부만 주고받다가 끝나는 경우가 있습니다. 집에 와서 다른 엄마랑 통화하며 '아이고, 내가 왜 그걸 안 물어봤지?'하고 아쉬워하지 마시고, 궁금한 점을 미리 준비해가면 좋겠죠?

다음의 꼭 필요한 질문을 기억해 주세요.

- 학습 면에서 부족한 부분이 있을까요?
- 수업시간에 집중을 잘하는 편인가요?
- 숙제나 준비물이 부족하지 않은가요?
- 모르면 질문을 하는 편인가요?
- 친구들과 잘 지내는 편인가요?
- 평소 우리 아이와 친하게 지내는 친구들이 있나요?
- 쉬는 시간에 친구들과 노는 편인가요? 혼자 있는 편인가요?
- 고쳐야할 습관이 있나요?

아이에게도 학교가 처음이듯 엄마도 학부모가 처음입니다. 우리 아이가 학교에서 '인싸'가 되는 비법은 존재하지 않습니다. 다만 아이와 함께 준비해 가는 과정을 통해 우리 아이들은 학교 가는 날을 기다리고, 친구를 좋아하고, 선생님을 보고 싶어 하는 1학년으로 성장해 갈 것입니다.

무엇보다도 아이를 하나의 인격체로 대하고, 지금까지 알려드린 내용을 참고하여 가정에서 아이와 다양하고 깊이 있는 대화를 충분히 나눠 보세요. 엄마의 키즈스피치 교육으로 우리 아이가 가족, 친구, 이웃과 함께 관계를 맺고 성장해나가는 모습을 보는 기쁨을 누리실 수 있을 것입니다.

"수학, 과학, 영어를 배워서 잘 활용하려면 스피치가 필요합니다. 단순히 한 과목, 한 영역 공부가 아닌 통합능력을 키우기 위해서도 가장 중요한 능력이 스피치이지요. 말은 입으로만 떠드는 게 아니라 머리에서 입으로 나와 가슴까지 전해지는 것이니까요. 어머님이 원하는 공부 잘하는 아이는 바로 스피치가 만들어 냅니다."

MAROC

"미래의 리더가 될 잠재력을 가지고 있는 우리 아이들을 응원합니다."

제 휴대폰에 저장되어 있는 학부모들의 전화번호는 10년 째 같은 이름으로 되어 있습니다. 김수민(잠신초등학교 2학년), 박진형(도성초등학교 5학년) 등이지요. 이 아이들은 지금 훌쩍 자라서 중학생, 고등학생이 되었는데요. 뽀얗던 얼굴에 울긋불긋 여드름이 올라오고, 듬직한 청년이 되어버린 지금도 아이들은 저를 찾아옵니다. 10년째 인연을 맺고 학부모와 함께 아이들을 키우고 있는 기분이 듭니다. 이렇게 수많은 아이들이 마루지와 인연을 맺고 있는 이유는 여러 가지가 있습니다.

초등학교에 입학할 때, 회장선거를 준비할 때, 스피치 대회에 나갈 때, 토론연습을 할 때, 프레젠테이션을 준비할 때, 영재원이나 특목고, 대학교 면접을 볼 때, 마루지가 아이들의 스피치를 도와주고 응원해주는 역할을 하기 때문이죠. 우리 아이들 인생에서 일어나는 중요한 사건과 함께 마루지의 역사가 매번 새롭게 쓰이고 있습니다.

스피치를 배운 아이들과 배우지 않은 아이들은 차이가 많이 납니다. 수학이나 영어처럼 시험 점수에서 격차가 벌어지는 게 아니라 자신을 스스로 존중하고 도전하려는 열정에서 차이가 나지요. 스피치를 배운 아이들은 자존감이 월등히 높습니다. 스피치로 자존감을 높인 아이들은 눈빛부터 달라집니다. 무언가 새로운 것에 도전하고 싶어하고 설령 실패하더라도 실망하지 않고 웃으며 넘겨버립니다. 그러다 보니 학교 공부도 재미있어지고 친구를 사귀는 것도 즐거워집니다. 긍정적인 에너지가 넘치는 아이들, 이러니 인생이 잘 풀리지 않을 수 없겠지요?

이렇게 성장하는 아이들을 보며 오늘도 감사의 인사를 드립니다. 키즈스피치 교육을 믿고 따라와 준 아이들과 엄마들, 매번 먼 거리에서 아이들을 데리고 오시느라 고생하시는 아빠들, 맞벌이하는 엄마 아빠를 대신해서 쌍둥이 아이들을 데리고 오시는 할머님 할아버님, 캐나다와 중국에서 마루지 교육을 받기 위해 잠시 귀국했던 가족들, 사는 지역에 마루지가 생기길 기도하고 있다는 아이들, 모두에게 진심으로 감사한 마음을 전합니다. 또한 진실한 마음으로 키즈스피치 교육의 선두에서 늘 아이들을 이끌어 주는 한국과 중국의 키즈스피치 마루지 센터의 원장님들, 각 센터에서 아이들과 함께 호흡하며 울고 웃고 감동하는 마루지의 아름다운 강사들에게 무한한 존경의 뜻을 표합니다.

이 책이 나오기까지 함께 기도해주고 나의 손과 발, 그리고 마음이 되어준 키즈스피치 마루지 직영점의 센터장들, 강사들에게 사랑과 믿음을 듬뿍 담아 드립니다. 또한 SNS로 응원해 주는 전 세계의 많은 마루지 가족 분들께도 깊은 감사를 드립니다.

마지막으로 키즈스피치 교육의 영감을 불어넣어 주는 영원한 나의 뮤즈, 자랑스러운 두 아들과 가족에게 감사와 사랑을 드립니다.
모든 아이들이 행복하게 말하는 그날까지
키즈스피치 마루지가 함께 합니다.

이지은

발음 교정 코칭

"웅얼웅얼~"

"그래쪄요~ 어쩌구 저쩌구 그래떠요!"

해맑게 웃으면서 이야기하는 모습은 귀엽고 사랑스럽지만, 학년이 올라가면 올라갈수록 허짧은 소리 때문에 걱정 되신 적 있으신가요?

정확한 발음 코칭! 지금 시작하세요!

회장선거 코칭(임원선거 코칭)

우리 아이가 지금 리더십을 경험한다면 어른이 되어서도 영향력 있는 삶을 살지 않을까요?

"안녕하십니까? 이번에 회장선거에 나온 기호 1번 마루지입니다. 여러분! 저를 꼭 뽑아주세요!"

우리들은 이미 리더입니다!

연접 스피치 코칭

"마루지 학생의 꿈은 무엇인가요?"

"네! 저의 꿈은~"

하고 싶은 열정만 있다고 꿈을 이룰 수 없습니다. 무엇인지 표현할 수 있어야 꿈을 향해 한걸음 다가갈 수 있지요.

열정 + 자신감 + 준비된 사람! 바로 여러분입니다.

힐링 스피치 코칭

"우리 아이는 문제가 전혀 없는데 학교에선 따돌림을 당해요."

"소극적인 성격 때문에 걱정이 이만저만이 아니에요."

선택적 함구증, 산만한 성격, 소아 우울증, 왕따 증후군 등 엄마를 속상하게 하는 아이의 특성을 커뮤니케이션 코칭으로 풀어갑니다.

아이의 자존감을 찾아가는 여정을 함께 하세요!

말하기 대회 코칭

자신감 있는 모습! 전달력 있는 발표! 청중을 사로잡는 발표력!

말하기 대회는 우리 아이들의 스피치 경험을 쌓을 수 있는 가장 좋은 방법입니다.

스피치 자존감과 배짱을 기를 수 있습니다!

C 유아

말하기의 즐거움을 느끼며 자신감을 형성하고 다양한 활동을 통해
창의적인 표현력을 기를 수 있습니다.

- 놀이N 스피치
- 동화N 스피치
- 아트N 스피치
- 창의N 스피치
- 표현N 스피치
- 예비초N 스피치

E 초등

학교 수업시간에 활용되는 모둠, 토의, 토론활동도 더 이상 두렵지 않습니다.
또한, 다양한 형식의 글쓰기를 통해 생각을 구조화하고 창의력을 키울 수 있습니다.

- 논술N 스피치 step1
- 논술N 스피치 step2
- 논술N 스피치 step3
- 논술N 스피치 step4
- 카부르채N 스피치

L 중·고등

PT구성부터 진행능력, 리드멘트까지 꼼꼼하게 훈련해 수행평가에서부터 면접까지 모두 마스터할 수 있습니다.

- 중고등 기본 스피치
- 중고등 프리젠테이션
- 중고등 논술 스피치

본 도서를 지참하신 분들에게는 키즈스피치 마루지 잠실 본점
수강료 1만원 할인 혜택을 드립니다.